微文化视阈下媒介异化的表征与隐喻研究

刘德群 著

湘潭大学出版社

图书在版编目（CIP）数据

微文化视阈下媒介异化的表征与隐喻研究 / 刘德群著. -- 湘潭 : 湘潭大学出版社, 2022.11
ISBN 978-7-5687-0911-8

Ⅰ. ①微… Ⅱ. ①刘… Ⅲ. ①传播媒介—研究 Ⅳ. ①G206.2

中国版本图书馆 CIP 数据核字 (2022) 第 200278 号

微文化视阈下媒介异化的表征与隐喻研究

WEIWENHUA SHIYUXIA MEIJIE YIHUA DE BIAOZHENG YU YINYU YANJIU

刘德群 著

责任编辑：夏露　王亚兰
封面设计：夏茜旸
出版发行：湘潭大学出版社
社　　址：湖南省湘潭大学工程训练大楼
电　　话：0731-58298960 0731-58298966（传真）
邮　　编：411105
网　　址：http://press.xtu.edu.cn/
印　　刷：长沙创峰印务有限公司
经　　销：湖南省新华书店
开　　本：710 mm×1000 mm 1/16
印　　张：13
字　　数：194 千字
版　　次：2022 年 11 月第 1 版
印　　次：2022 年 11 月第 1 次印刷
书　　号：ISBN 978-7-5687-0911-8
定　　价：58.00 元

* 池州学院专著出版基金资助项目
* 安徽省高校人文社科研究重点项目（编号：SK2021A0728）研究成果
* 安徽省高校质量工程项目（编号：2021fwxxcy031）阶段性教研成果
* 池州学院质量工程项目（编号：2018xm00c06）教研成果支持项目

序 言

近年来，以微博、微信、微视频等微媒介为代表的一系列以“微”为特征的新媒体平台蓬勃发展，微文化以一种无“微”不至的姿态渗透入人们的日常生活和思维方式中，作为“人的延伸”的媒介，越来越成为人们感官的一部分，甚至在某些时刻跳脱出了“工具”的角色，凌驾于使用者之上，人与媒介间异化的关系愈加显著。目前，国内理论界虽然关注到微媒介的理论问题，但对微媒介理论的研究还不够系统和深入，从人与媒介异化的视角对当前的新媒体环境作出的研究还很少。基于此，本著作立足当下微文化语境，从人与媒介关系的视角，对媒介异化表征进行认真梳理，对表征背后的内在逻辑进行讨论和分析，具有一定现实意义和学术价值。

笔者梳理了媒介的发展演变与微媒介的崛起，解读了微文化的产生及特征，从人与媒介关系的视角，对媒介异化的具体表征和深层内蕴进行深入研究。主要内容有：从媒介的演变历程和微媒介的崛起入手，介绍了媒介的变革历史及其对人类生存方式的不同影响；从媒介对人的主体重构入手，探讨了微媒介对人的电子媒介重塑，分别从哲学主体性构建、传播学的主体延伸、文化学的文化身份等层面分析主体的“自我”实现；着眼于微媒介对生产方式的重构，分析了微媒介时代的生产方式产生的重大变革；基于微媒介对人消费方式的颠覆角度，论述了电子经济、网络购物、直播带货等新消费方式的出现对人们生活和社会经济的颠覆性影响；从话语权力的变革入手，分析了微媒介的出现对话语权力变迁的影响；基于微时代审美问题的角度，探析了微媒介对人的感知方式和审美方式的重构。笔者还基于智能算法的角度，探讨了媒介内容（主要是微视频）推荐、审核、监视等的变革和传播价值遮蔽问题，并对结论展开讨论及反思。

进入微媒介时代，人们的生产方式、生活方式、消费方式、审美方式等都发生着翻天覆地的变化，微媒介技术在给人们带来巨大便利的同时，日益演化为支配和控制人的异己力量。面对网络技术和媒介发展带来的异化现象，人们也应该及时的警醒和采取必要的措施，使技术为人服务的同时，防止技术发展带来的人的异化，使科技复归到人性化轨道。只有充分认识微媒介带来的利与弊，深刻了解所身处时代的媒介变革及其背后原因，才能更好地透视社会、反观自身，才能正确认识媒介与人、媒介与社会、媒介与文化等的关系，并加以利用和引导，最大限度减少媒介对人和社会的负面影响，使之成为人的主体性获得延伸、自由、解放的有力武器，更好地造福于人类。

目　录

第一章　绪　论

一、问题缘起

中国互联网络信息中心（CNNIC）发布的第50次《中国互联网络发展状况统计报告》（以下简称《报告》）显示，截至2022年6月，我国网民规模达10.51亿，较2021年12月增长1919万，互联网普及率达74.4%。伴随新媒体技术的快速发展，人类数字化的生存方式发生着重大变化，作为媒介工具使用者的人类主体地位受到挑战，人们的工作学习、文化生活、话语权力不断被颠覆和重构，消费方式和审美方式也发生着重大变革。在微媒介时代下，新媒体技术通过移动互联网和智能手机进行广泛传播，不仅能提供高速、便捷的信息传输与查询，还能通过与其相结合的多样性功能把生活中的很多服务都变得移动化、智能化。在此过程中，人们能随时随地享受更加便利的生活以及享受媒介技术为社会生活带来的便利和高效。如：人们可以通过一部智能手机来完成各类交通工具的订票等操作。如果以前有人说所有人出门只要带手机就可以完成支付等很多事，大家都会以为是天方夜谭，但在当今时代这已经变得十分平常。微媒介时代的文化也进入到真正意义上的大众文化时代，人人皆是文化的创造者、参与者、消费者，人人皆有在网络平台发表个人言论的权利，这是一个文化空前平民化、草根化、大众化的时代。

随着信息技术的发展，特别是5G时代的到来，人类社会各方领域的技术都在不断提高，人类拥有了全新的技术力量去改造世界，人类的生活方式也将发生重大的变化。高速度、泛在网、低功耗、低时延、万物互联、重构安全等六大特点表明，5G不仅能加快网络信息传播速度，更为重要的是能够覆盖社会生活的方方面面，可以随时随地提供智慧服务。它会给社会带来个性化与多元化的生活模式，给经济、文化和网络安全带来挑战。当下的移动互联网是以智能手机为核心终端，其核心能力主要是为人类提供生活服务、社交、移动支付以及定位系统。智能互联网把我们生活中的各种设备变成终端，它不仅提供生活服务，还会为公共管理提供便利，甚至参与到生产制造当中去。智能互联网将引发新一轮的信息革命，并形成强大的服务体系，其不仅能改变社会，也将渗透到社会管理领域，改变生活的方方面面，在智能交通、智能家居、智能健康管理、工业互联网、智慧农业、智慧物流、社会服务多个领域广泛开展服务，不仅能提升社会生活水平，让人们生活更加方便，更能提升社会管理能力，让社会管理更加高效，社会公共服务得到全面改善。它改变了信息传播链上包括网络、终端、信息形态在内的所有环节。这种改变将促使新闻从以图、文为载体的传播形式进一步发展为以视频为载体的传播形式，为媒体的发展带来了新的契机，也为已经呈现爆发态势的以“短视频”为代表的微媒介市场带来井喷式的发展机遇。

微媒介技术在给人们带来巨大便利的同时，人们也应当看到，原本作为人们信息交流工具的网络技术，渐渐成为支配和控制人的一种力量，这是作为媒介工具使用主体的人类受到突飞猛进的媒介技术的挑战。比如，人们日益生活在网络的虚拟时空中，并对其越来越依赖，不仅使人类的生存时空被虚拟化，连同人类的主体性和自我意识也越来越虚拟化和多元化，人类甚至逐渐分不清现实和虚拟之间的界限。微媒介的广泛应用还会带来社会的离散化，传统的社会规范和价值观约束越来越弱化，网络虚拟世界不仅没有让人的生存空间扩大，反而越来越狭小，人们在持续接受网络碎片化信息中，精神世界也渐渐与家庭组织、社会群体隔离，依托血缘和地缘建立的传统关系越来越被淡化;另外，网络文化本身就具有娱乐化和商业化倾向，微媒介碎片化、娱乐化信息的泛滥，导致越来越多年轻人被“娱乐至死”价值观误导，甚至有些人的理想就是成为网红，人们在娱乐快感中渐渐丧失了主体觉醒意识，日益沦为娱乐化、商业化的工具，人的价值观更功利化和虚无化。面对网络技术的快速发展，我们既要看到微媒介给当代人带来的巨大便利和变革，也要警惕微媒介带来的异化作用，能够及时采取必要的措施，使技术为人服务的同时，又能够控制其带来的异化问题。我们只有深刻了解所处时代的媒介变革及深层原因，才能更好地透视社会、反观自身，同时看清微媒介带给我们的利与弊，以便更好地利用和引导。

二、文献述评

在媒介及所涉及的文化问题方面，西方学界提供了深厚的理论资源和广泛的研究成果。媒介发展的历史研究从西方缘起，大体上可以分为以下四个阶段:第一阶段处于第二次世界大战之前，涉及摄影、报纸、广播、电影等媒介形态;第二阶段处于第二次世界大战结束至互联网出现，以电视为主要媒介形态;第三阶段处于20世纪八九十年代，以网络为主要媒介形态;第四阶段处于21世纪以来，全球进入移动网络媒介形态。在以上研究发展进程中，西方媒介理论形成了不同流派和研究脉络，主要集中在德国法兰克福学派、英国伯明翰文化研究学派、媒介环境学派、后现代媒介文化研究等，在整体上，网络媒介理论的发展与后现代文化理论产生了双重影响，使得相关研究视角更具综合性、多元性和创新性。而西方媒介理论中，还没有微媒介的概念，媒介理论家多将新兴的媒介称之为新媒介，20世纪80年代后，“新媒介”成为西方发达国家的重要话题之一。

对于新媒介的研究，国外的研究者结合媒介技术的新发展，主要是从新媒介的核心内涵、本质特征、演变历程、表征形态等角度进一步延伸和发展了媒介理论研究，其中最具代表性和影响力比较大的是美国媒介理论家保罗·莱文森，他早在《软利器》书中对于媒介的发展历史进行了比较细致和深入的考察，较早对互联网的最新发展进行了论述。后来在研究中，将媒介划分为旧媒介、新媒介、新新媒介，是对媒介理论的延伸和拓展，从媒介哲学的高度详尽分析新新媒介的基本内涵、内在特征和媒介原理。加拿大媒介环境学派的第二代代表人物罗伯特·洛根在延伸麦克卢汉理论的基础上，详细探讨了微媒介对麦克卢汉探究的传统媒介的新变革和新发展，并结合最新的媒介发展作出多元化的解读。[①] 美国著名媒介理论家 W.J.T. 米歇尔和马克 .B.N. 汉森主编的《媒介研究批评术语集》以宏大的理论框架涵盖了技术、审美、社会、文化、政治等方面，将多元化的媒介理论的最新研究成果结集成书，从媒介哲学的高度研究了与塑造了我们在 21 世纪里与经验相关的媒介。美国社会学教授雪莉·特克尔在其著作《群体性孤独》中研究了人与机器互动和人际网络沟，他指出，机器人、手机、电脑等数字信息技术表面上使人与人之间的沟通更加便利，联系更加紧密，但实际上培养了人们对技术的依赖和期待，弱化了人们面对面社交的能力。韩裔德国哲学家韩炳哲在《在群中——数字媒体时代的大众心理学》一书中对数字媒体对人的行为、感知、情感、思维等产生的影响进行剖析。英国的赫克托·麦克唐纳在《后真相时代》中一书剖析了“误导性真相”的种种迷惑手段，提出洞察真相的思维方法，提醒人们警惕自己当下的生存环境。

进入 21 世纪以来，伴随微信、微博、抖音微视频等微媒介在中国的迅速崛起，微媒介对人们的全方位变革受到越来越多理论研究者的关注。国内研究者主要从以下三个层面展开。

一是基于微文化的本体特征与微文化现象反思的研究。国内对于微媒介的研究首先从微媒介引起的微文化现象的研究开始，南京大学周宪教授在《时代的碎微化及其反思》指出，当前随着微媒介的出现，一种新的文化形态及内在发展逻辑已经出现[②]，他将之称为“微文化”，伴随着这种新的文化形态出现的是新的文化症候。首都师范大学陶东

① 〔加〕罗伯特·洛根．理解新媒介——延伸麦克卢汉［M］．何道宽译．上海：复旦大学出版社，2016.

② 周宪．时代的碎微化及其反思［J］．学术月刊，2014（12）：5-12.

风教授在《理解微时代的微文化》指出，微文化是以去中心化、碎片化、赛博化等为特征的新兴传播方式，“微”是和传统文化的“大”相对而言的，互联网技术的发展把人们带入了微文化时代，微文化无论对政治、经济、文化还是人们的日常生活都产生了颠覆性的影响[①]。清华大学尹鸿教授、辽宁大学王鑫教授，或者从微文化的传播学角度，或者从微文化的“微”形态对传统文化形态的消解角度进行研究，着眼于当前新出现的“微”文化形态的总体特征和现象表征，对其进行总体概括和宏观思考。

二是基于网络文化特色开展微时代美学的研究。随着微博、微信、微小说、微电影等多种“微”形态媒介的出现，国内学者开始结合网络文化特色开展“微时代美学”的探索，将“微时代”文化、日常生活和美学艺术三方面置于同一场域进行研究。比如汪民安从文化艺术角度剖析了“微时代”的审美特征，并结合具体的影视文本来揭示微时代的视觉化审美特征。王德胜和孙士聪主编的《微时代的美学》则围绕“微时代与审美思潮变迁”“微时代的生产、传播与消费”“微时代与跨学科研究”等方面议题进行了研究。孙旭撰文强调了道德、艺术、人与时代的积极作用，或有益于作为主体的人在微时代对自我灵魂的技术保持警觉，有助于主体打破虚假镜像，建构真正自我。

三是基于新媒介对人们的生存方式变革角度的研究。微媒介是当下最具影响力和颠覆性的媒介形式，它使人们的生活更加便捷化、智能化，同时也使人们更加依赖媒介，它全方位重构着人们的生活，并将人类的生存方式带入到数字化生活的新阶段。贾英健在《虚拟生存论》一书中，对网络时代人的生存方式的虚拟性问题进行了全面研究，探讨了数字化发展与人的生存的虚拟化问题、虚拟生存的本质问题、虚拟生存的存在形式及其现实基础问题、虚拟生存的主体形态问题、虚拟生存的内在矛盾问题、虚拟生存与人类社会发展问题、虚拟生存与人的自由全面发展问题等。常晋芳则从概念论与实体论、存在论与本

① 陶东风．理解微时代的微文化［J］．中国图书评论，2014（03）：4-5.

质论、文化论与价值论角度对网络主体、网络客体与中介、网络时代存在方式的变革、网络生产方式、网络生活方式、网络交往方式、网络组织方式、网络思维方式等作了全方面、细致的理论分析，试图开辟网络哲学新的研究领域。赵瑞华指出，人类进入媒介化社会时代，大众媒介作为一种“工具性存在”，越来越成为人们在生产、生活中须臾不可离的一个中介物，甚至有时候成为目的本身，即人们逐渐形成对媒介的某些非目的性的精神依赖，由此造成人的异化。柳淑田撰文论述了新媒体环境下人的异化的表现形式及特征，认为在印刷时代人们只是局部异化，而新媒体时代则演化成全面异化，肢体与感官逐渐为媒介所控制。

纵观国内外的研究现状，国外更多是从新兴媒介和新媒体的角度进行研究，而涉及的具体媒介形态如Facebook、Twitter、YouTube、Wikipedia、Blogging等虽与国内的媒介形态有相似之处，但国外的新兴媒介承载的主要功能还是社交功能，与国内微媒介形态功能的多元化和全面化相比，二者之间有着相当大的差别，所以国外的新媒介理论研究不完全适用于中国当前的微媒介形态。而中国的微媒介正处于蓬勃发展和不断演变时期，一方面它对当下人们的生存方式的影响越来越大，另一方面，中国理论界虽然关注到微媒介的理论问题，但对微媒介相关理论的研究还处于零散、不成体系、研究不够深入的阶段，从异化视角对当前的新媒体环境作出的研究更不多见。而目前微媒介对人的生存方式的影响随着微媒介本身的发展演变，这也处于动态变化之中，微媒介的颠覆性和变革意义在可预测的未来将愈加凸显，所以基于微文化背景，对新媒介理论进行深入、系统梳理很有必要。

三、概念阐述

（一）微媒介、微文化理论

“微媒介”一词是随着近几年微信、微博的迅速崛起而出现的，可以从狭义与广义两个维度来界定，狭义的微媒介是指以微信、微博、微视频等自媒体为代表的信息交流与传播形式，“微”是相对于“大”而言的，相对于传统的宏大叙事和总体修辞，它们具有传播内容短小精悍和即时性、个人化、参与性、互动性等特点，是当下的新兴媒介形态。广义的微媒介是包括各种自媒体、移动客户端、手机 App 等在内的以手机移动端为载体，对人们的数字化生活产生巨大影响的所有媒介形式的集合。

理论界最早对“微媒介”的关注是基于文化研究角度，从“微媒介”引起的文化变革开始的。首都师范大学文化研究院陶东风教授较早在国内提出微时代、微文化的学术议题。他对微文化的界定是：基于互联网和移动互联网的发展，以微信、微博等新媒介为传播方式，以趣缘为核心，生产和创造以满足个体以及社会需要的文化产品，并在沟通交流和分享的过程中，体验情感愉悦和归属快乐的一种文化形态[①]。“微媒介”一词更多是从传播学角度进行表述的。从信息传播角度看，“以用户贡献内容（UGC）和交互性（相异于单向阅读）为特征的 Web 2.0 概念下的开放性的社交信息服务网络被视为微媒介。”[②] 中国当下蓬勃兴起的微媒介和西方理论研究的新媒介既有共性也有区别。微媒介属于第三媒介时代的新兴媒介形态，缘起于微博的广泛流行，兴盛于微信的广泛普及和全民性应用，微媒介的蓬勃发展与移动互联网息息相关，国外相当于中国微信的有美国的 Whats App、韩国的 Ka Kao Talk、日本的 Line 等，但国外的这些媒介形式主要是社交工具，不具备中国微信丰富和强大的功能。

微文化是一种新兴起的文化范式，结合国家语言文字工作委员会给出的释义，微文化是由微博衍生而来，更加注重个体发展的文化现象。有的学者将微文化界定为“以微媒体为载体，迎合时代需求，注重个体的表达和诉求，易于传播和快速阅读的尚简、崇微的一种亚文化”，认为其是一种显扬个性、追求自由、“草根”参与的文化。笔者认为，

① 蒋原伦．微信的内爆和时间感［J］．中国图书评论，2015（05）：17-21.

② 高常．微媒介语境下的文化传播审视［J］．新闻世界，2016（01）：58-60.

微文化是一种进入个人互联网时代后，随着科技的迅猛发展逐渐形成的以主体性、平等性为核心观念和行为模式的，且注重个体和微观的精神现象。其主要有以下特征。

1. 传播效率的即时性和高效性

微文化搭载互联网以及新媒体的便车，与科技联姻，与时代同步，不仅突破以往传统媒体给相应文化附加的时间、空间的束缚，助力微文化快速传播。微博的宣传语——“随时随地发现新鲜事”就可以很好地体现这一特性。而且由于互联网的普及，网民基数极大，由此为微文化的传播带来广阔的空间以及高效的传播路径。

2. 传播主体的自由性和平等性

微文化的一大特点即参与的门槛较低，但凡能使用网络和新媒体的任意公众即可发表言论，进而导致去中心化、多元化的风气蔓延，瓦解“元叙事”，消解舆论领袖和经典权威的影响力，以更深广的气度去包容不一致的标准。各类无门槛且极易操作的新媒体，给予参与者极大的平等，也给予了参与者张扬个性、注重个体发展的自由，为普通个体提升自身社会地位、拥有更多话语权创造条件。

3. 传播内容的零散性和原创性

微文化之“微”很直接的寓意就是“微小”，也是区别于传统文化宏大的叙事风格而定义该文化的元素。因此，微文化抛却传统文化高贵的血统与高高在上的光环，不断放大非原则性、浅显性、碎片化、去中心化的特征。就像微小说一样，在网站上就可以很便利地用简短的文字记录自己的所感所想，畅所欲言，降低了参与者的门槛，所有人都是创作人，简洁朴素短小的文章也可以获得广泛关注与流传，增加公众的参与度与原创作品的数量。

总的来说，微文化已经不仅仅是一种信息传播的方式，更是一种个体性、群体性、平民性、草根性的意识形态和文化体系，同时微文化是后工业时代、后现代主义融合了网络时代发展而呈现出信息颗粒化、生活分解化、行为个体化的文化碎片微化的社会表现形态。还有，微文化的独特之处在于抛却以往宏大的叙事风格，更关注于细微、具体的事物，这种崇微尚简、提倡多元高效却难免流于碎片化和快餐式的亚文化，已经逐渐对人类社会文化形态、传播方式乃至经济形态、生活形态产生深远的影响。在微媒介盛行背景下，社会心态持续处于复杂嬗变之中并不断衍生新的表现形式与特点。比如，全民焦虑心态突出，社会安全感持续不足；当前网络弱势心态与底层意识显著，并呈群体蔓延之势；信任焦虑衍生信任异化，微媒介负面解读过盛催生逆反心理；娱乐恶搞心态席卷“微”平台，趋现侵蚀网络主流文化之势；媒介的情感替代与人类情感的消弭，孤独感已经成为许多人（特别是年轻人）不得不面对的心理状态。

（二）异化及媒体异化理论

“异化”（alienation）一词源于希腊语，本意是指脱离、转让、被支配等，在哲学领域，黑格尔第一次系统地阐释了“异化”的概念。他认为，异化是劳动产品和劳动者本身的对立，著作《1844年经济学哲学手稿》使得异化理论成为当时西方学术界探讨的热点，他将异化作为一个哲学观念，结合政治经济学的理论视角，提出异化是主体发展过程中产生的对立面，并成为一种与主体对立的异己力量。马克思著名的劳动异化理论从经济领域出发，对资本主义进行了批判，他对异化问题的分析在很大程度上可以看作是对资本主义社会工具理性和价值理性之间内在矛盾的揭示。在马克思看来，劳动是人类的本质，然而在资本主义私有制的制度下，劳动却发生了异化，从原本的“工人使用劳动条件”变为“劳动条件使用工人”，偏离了“自由自觉”的劳动状态。卢卡奇提出的物化概念和马克思的异化概念有着异曲同工之妙，他用这一概念来形容商品形式成为社会的基本形式后作为人存在的状态，他将社会比喻成一台巨大的机器，而资本家和劳动者都是其中的零件，人与人的社会关系由物质生产需求来决定，因此，社会中的人失去了作为人的本质的特点，成为了物。卢卡奇认为，物化是资本主义发展到特定阶段的必然结果，这一现象在现代社会的主要表现形式包括人的原子化、人的数字化以及主体的客体化，在资本主义社会中，人的基本状态是作为“物”而存在，人际关系也成为了物与物之间的联系。卢卡奇在分析“物化”这一概念时，着重探讨了人的劳动的“物化”，劳动本应是个人的活动，但是在现代社会，劳动却反过来控制了人。人通过劳动创造了世界，一个处于不断变动中的商品世界，并作为一种客观的、异己的力量和人们产生了对立，“人的活动同人自身相对地被客观化，变成一种商品，这种商品服从社会的自然规律，异于人的客观性，它正如变为商品的任何消费品一样，必然不依赖于人而进行自己的活动。”[①]卢卡奇认为，最严重的是“物化”的生存方式已经渗入进了人的意识，这也代表着资本主义的“物化”已经到了非常严峻的地步，机械化、合理化控制了人的精神和肉体，人的特性和能力也将进一步屈从于这一物化形式。

在西方工业化的早期进程中，也有学者关注技术所引发的“人”的异化的问题。比如斯本格勒认为在社会工业化的过程中，技术逐渐登上了统治地位，人们被机器所奴役，技术理性使得个体进入一种孤独的、与他人隔阂的状态，人们的个性和创造性也被其所压抑。法兰克福学派进一步从人的自由解放的角度对技术的异化开展了进一步的批判，阿多诺和霍克海默在《启蒙辩证法》中指出:“现代科学技术聚合成一种全面统治人的总体力量，人处于深刻的异化状态之中，不仅对自然界的支配是以人与所支配的个体异化为代价的，随着精神的物化，人与人之间的关系本身，甚至个人之间的关系也神化了。”作为法兰克福学派的重要代表人物，马尔库塞从技术异化的角度继承并发展了马克思的异化思想，反思了当代工业社会中技术理性占据了支配地位、人的本能和思想被压抑的矛盾和困境，在《单向度的人》一书中，马尔库塞指出，社会和个体本应有与现实保持一致和反抗、超越现实的

① 周立斌. 卢卡奇的物化理论及其演变［M］. 北京：中国社会科学出版社，2012.

两个基本向度，但是在技术和理性至上的工业社会，科学虽然满足了人们的物质需求，但也导致了人的压抑和奴役。

在人类文明发展进程中，媒介作为人类获取信息的新工具而被发明，但随着移动互联网的迅速普及，作为使用者的人类却越来越依赖甚至盲从于媒介。在新媒体时代，这种人与媒介间异化的关系愈发显著，而随着消费社会的到来以及媒介技术的日益发展，媒介的内容及功能也深受其影响并在悄然间发生异化。

第二章　微媒介的兴起与背景驱动

人类的传播发展史，其实就是“社会的人”交往实践的历史。在不断的交往实践中，人既是历史的主人，也是主体地位与价值的维系者和推进者。而人类交往实践的基本特征之一，就是在改造自然并创造社会的进程中，不断创造或改进传播媒介，并利用媒介来改变交往时空，进而提升交往过程中信息的重要性，强化信息与人的依存度。从这一角度来看，媒介的进化是与人类文明进程同步进行的。由交往媒介所决定的交往形式，从原始的口语时代发展到今天，都是以传播工具的革新为前提和基础的。人在交往实践中创造或改进媒介工具的过程，就是传播技术作为生产力对人的总体文明的推动过程。

传播技术的意义并不是单纯加入信息发送者与接受者之间，而是强调传播者生活在一种环境当中，这种环境从根本上影响了人们互动的性质，媒介从根本上影响了被传输或交换的信息的意义。每一种媒介的产生，都开创了人类感知和认识世界的方式，也改变了人与人之间的关系，并创造出了新的文化类型。从人类文明发展的历程来看，相对于“内容”而言，媒介本身的演变给人类带来的深远影响不容忽视，媒介本身的特性在很大程度上改写着我们认知世界和改变世界的方式。一种文化的主导媒介和技术的知识决定着该文化总体结构的动因的塑造力量，以及该文化的模式，包括其心理模式和社会模式。[①] 人通过媒介去认识世界，世界是通过媒介呈现出来的，因此我们可以通过研究媒介的性质，进而探讨文化的演变过程。

---

① 苏娜，罗玲玲．媒介技术与广告形态双动因制衡演进关系［J］．东北大学学报（社会科学版），2016（06）：570-575.

一、媒介的发展历程

随着人类文明的进步，传媒形态的演变亦呈现出一条基本规律，那就是其技术特性的优势，始终都贴近并符合人类在交往需求上的主动化的意志选择。作为“人体的延伸”，延伸的不仅是人的感官在交往中的功能发挥，也延伸了人类交往的时空范围，从而大大提升了人们在社会实践中征服自然和改造世界的能力，并对人类自身的发展创造了更多的条件、提出了更高的要求。麦克卢汉曾预言：“我们正迅速逼近人类延伸的最后一个阶段——从技术上模拟意识的阶段。在这个阶段，创造性的认识过程将会在群体中和在总体上得到延伸，并进入人类社会的一切领域，正像我们的感觉器官和神经系统凭借各种媒介而得以延伸一样。”媒介“延伸”的过程是人类交往实践随着社会生产力而演变的过程，是人们与传播工具在相互依存、相互适应中促进人类理性、文明成果建构交往环境，以及促进社会变革、创新交往方式的过程，也是人们建构以媒介为中心的信息集散模式、延伸交往主体形态、提升信息化生存能力、拓展人们在社会实践中的主体性的过程。

信息的传播要依靠媒介，每一次媒介技术的进步和应用都使得人类的信息传播有了质的飞跃。信息传播方式的进步极大地改变了人类社会中的政治、经济、文化等方面，对人类社会的生存方式有着极大的影响。

（一）前技术时代的媒介

1. 身体语言与图像符号传播

在人类社会发展早期，当真正意义上的口语还未出现时，人们利用符号语言进行传播，符号语言包括身体语言和视觉语言。威尔伯·施拉姆指出，一个人要表达自己的情感与观念，不一定要通过言语的方式，一个姿势、一个眼神、把手搭肩上，八角形的停车标志牌就能表达信息。原始人也是如此，在他们的宗教仪式上，猎蹈语言转化为身体语言成为了信息传播的媒介，除了身体语言之外，原始社会还使用结绳记事、绘制图像、记号等符号语言传播信息。在西班牙阿尔塔米拉洞窟中就留有原始人留下的绘画符号，有野牛等猛兽，据推测应该是原始人狩猎之前的巫术活动或狩猎后的记录活动。这表明在口语、文字出现之前，人类已经可以应用符号来进行信息传播。

2. 口语传播阶段

从传播学的理论来看，口语传播是指传播者（说话人）通过口腔发声并运用特定的语法与语法结构及各种辅助手段向受传者（听话人）进行的各种信息交流。人们把口语传播阶段称为人类历史上第一次信息传播阶段。原始人在漫长的岁月之中逐渐把声音从身体语言和图像符号语言中独立出来，学会了用声音来传播信息。当原始人在狩猎时，在宗教仪式中有节奏地呐喊时，语言开始初见雏形。米德指出语言是从姿态发展而来的，当有声的姿态对做出这一姿态的人产生它对其对象亦即明确对它做出反应人所具有的同样影响，并因而涉及对做出这一姿态的那个个体的自我时，它就成了一种表意的符号。语言是人类最为重要的交际工具和思维工具，从原始传播到口语传播，占去了大部分人类传播的历史。正如传播学家威尔伯施·拉姆所说的："如果把人类传播的历史看作是一天的话，那么今天我们所使用的大众传播工具只是在'漫长的一天的最后一秒钟'才产生的。"而且，即使在种种新的传播方式出现后，口头传播仍是人类生活中须臾不可缺少的传播方式。由于口头传播是一种人际传播模式，需要在特定时间、空间内完成，因此传播途径短、时效性差，多数情况下是一对一的传播，其信息的保存和积累受到人脑记忆力的限制，这些性质导致了传播的信息容易失真，表现出较大的个体差异性。

3. 文字传播

文字传播的出现使得口语传播的局限性被打破，在公元前三四千年，四大文明古国分别出现了最早的象形文字，这些文字被刻在石头上、金属上、骨头上等一些坚硬物上，也被记录在纸草、羊皮、纸张、布帛等物体上。有了文字，就有了书写，信息就可以最大限度地保持原样不至失真，这样一来就打破了口语传播时效性差、传播途径少，不易于信息存储等局限性。在印刷术出现之前，文字承担了类似于大众传播的工作，如古罗马时期在信息传播方式上人们采用了官方公报和新闻信的形式。在古意大利威尼斯则出现了手抄小报，并且还有专门收集信息和出售手抄小报的人群，新闻传播的模式初见雏形。文字的出现打破了时间和空间的局限，人们可以在不同的时间不同的地点传播信息，加深了对世界的把握与了解。可是由于文字的抽象性，人们往往会因为文字缺乏生动鲜活的视觉形象和听觉形象而把人们的精神引向了“片面的深刻”。

（二）文字印刷媒介

印刷术的出现极大地改变了古代新闻传播方式，当手抄新闻小报逐渐向新闻巧品转化时，新闻传播的范围与效果增加了，专业的新闻机构产生了，大众传播事业开始向着巨大规模迈进。从现存最早的实物来看，早在唐代就出现了成熟的雕版印刷术，到了宋代出现了活字印刷术，这使得印刷术的推广得到了普及。在欧洲，从中国传入的活字印刷术被德国工匠古登堡加以改造利用，发明了适合外文字母的金属活字印刷工艺与效率较高的印刷机。

当传播的技术条件成熟时，大规模信息传播也就开始了。印刷技术的成熟使得文字得以大量而迅速地复制，这样一来信息的传播可以从之前小范围的传播扩大到更大的范围，公众和上层阶级在信息的传播过程中得到了平等的对待。原先被上层阶级所垄断的文化知识得以扩散，印刷时代的到来使得新信息、新思想如浪潮一般涌来。文字印刷是人类文明的塑造者。在欧洲，印刷术取代羊皮纸手抄本，大量复制成为可能，独一无二的“文本”成为泡影，这就在一定程度上打破了知识的权力垄断。在中国，经历了甲骨文—石鼓文、金文—简牍文—帛文—纸文这样一个历程。雕版印刷发明后，特别是宋代毕昇的活字印刷术、古登堡印刷机发明后，人类步入了文字印刷传播的文化阶段，大规模的文化传播成了现实，文化传播进入了一个超越时空限制的阶段。

麦克卢汉在《印刷文明的诞生——谷登堡星汉灿烂》里展示了印刷术对重大文化变革的影响，这些重大的文化变革有近代科学、宗教改革、启蒙运动、民族主义和工业革命。印刷术的发明，将信息进行大量远距离传输，使承载着知识内容的书籍得以批量生产，快速流入社会。成本的下降，使平民百姓得以从书籍中获取知识和思想。在没有电视，甚至连电都没有的西方社会，人们对于信息的获取主要来自书本、报纸和信件，并通过书籍里承载的信息内容影响自己的日常生活，因此书籍作为第三次信息革命的重要载体，不仅影响了人们的生活方式，还促进了新思想的发展。文字的产生是人类文明的重要标志，而印刷术的发明更为人类文明的传播立下汗马功劳，被称为“文明之母”。随着印刷文化的大量普及，人类进入了文化繁盛时期。

（三）电子媒介

电子媒介的传播阶段是伴随着19世纪末现代科学技术的蓬勃发展而出现的。特别是19世纪电子技术的发展，一批依赖于电力技术的传播媒介得以发明运用，如广播、电影、电视、电话、电报的发明与使用。信息传播方式的每一次变革都会给人类带来翻天覆地的变化，在电子媒介出现之前，尽管人类有了以文字为符号的书、报纸等媒体，可是由于文字在传播过程中将一些语气、节奏、动作等信息过滤了出去，使得人们无法完整全面地把握信息。因此在电子媒介时代来临时，广播、电影、电视的出现使得人们的听觉、视觉感官全方位地调动起来，信息化也更加的生动和立体。当印刷技术实现了信息的大量出现与复制，那么电子技术的出现实现了信息的远距离快速传播。以电报为例，它活跃了整个新闻传播事业，各国报社都设有电报通讯社，19世纪40年代欧美各国纷纷建立了电报电讯系统，遍布全球的电报通信网络第一次将世界连成了一个整体，国与国之间、城市与城市之间、人与人之间第一次可以跨越空间的距离进行信息的交流，使人们传播活动的面貌发生了巨大变革。在电报的作用下，新闻报纸的实效性得到了保障，异地的重大事件得以及时报道，人类社会进入了现代化。

新闻传播化客观上促进了新思想、新技术的交流与传播，改变了人类新闻传播活动的面貌，使报纸的时效性突出，增强了报纸对突发性、异地重大新闻进行报道的灵活性，迈开现代传播发展的步伐。电报技术还使现代通讯逐渐发展和成熟起来，促进了国际范围内新闻的传播和交流，有利于新思想、新知识的扩散和传播。

电子媒介的蓬勃兴起，引发了文化的变革，由此进入了视觉文化时代。视觉文化是以电子技术为媒介的文化形式，视觉文化的产生和科技的发展息息相关，随着科学技术的发展，传播媒介发生革命性的转换，凭借光电信道、多媒体等为载体的电子媒介诞生，使人类的文化形态转向以视觉图像为主导的文化之中，视觉文化正是凭借电子媒介这种得天独厚的媒介形式而一跃成为文化的主导，由此人类进入了一个视觉文化的时代。丹尼尔·贝尔在《资本主义文化的矛盾》一书中指出，“当代文化正在变成一种视觉文化……这一变革的根源与其说是作为大众传播媒介的电影和电视，不如说是人们从十九世纪中叶开始的地域性和社会性流动……科学技术的发展孕育了这种新文化的传播形式”。可见科技的发展，人们的地域性和社会性流动促进了传统文化的隐退，从而加速了视觉文化的产生。以电子技术为媒介和载体的视觉文化，突破了文化的传统界限并向日常生活拓展，进驻生活的每一个角落，并形成了巨大的网络，它模糊着私人空间与公共空间的界限。随着科技的发展，电影、电视等传播媒介满足了全球迅速膨胀的信息传播要求，一个国家的人可以不懂其他国家的语言，但是他不会看不懂其他国家的电影、电视，同时视觉作为人类共同的感受方式，影像作为人类共有的表达方式，它跨越语言文字的隔阂，以其直观性、明了性、即时性为观众开启了一个崭新的视野。

（四）数字网络媒介

20 世纪 50 年代开始，在电视和电影风头正劲的时候，悄然出现的计算机技术和数字技术为我们即将跨人数字媒介传播时代奠定了技术基础。数字技术（Digital technology）是借助一定的设备将各种信息

（包括图、文、声、像等）转化为电子计算机能识别的二进制数字（0、1）后进行运算、加工、存储、传送、传播、还原的技术。它将信息以数字的形式通过相应的媒介进行传播，报纸、广播、电视为主导的传统大众传播媒体通过与计算机数字网络技术的整合，形成了以数字媒体为主的新一代传媒系统，从此人类进入了信息数字化传播时代，数字媒介简言之就是数字化的、自动化的传统媒介，它是数字化的信息接收、转换、存储、输出的传播介质。数字媒介的出现实现了信息传播的零耗损，信息的传播高速有效。数字媒介技术的出现改变了传统媒介一对一或一对多的传播模式，人们从信息的接受者成为了信息的消费者和传播者。

互联网技术的高速发展和广泛应用在20世纪90年代，随着浏览器和网页技术的出现，互联网迎来高速发展。互联网逐渐走入千家万户，并且很快与整个世界成为一体，在网络空间，信息传输变得更加便捷和迅速，信息传递的速度越来越快，人们接收消息的延时问题被极大压缩。它有效集合了传统媒介的所有特征，呈现出实时、远距离传输、多媒体和信息双向互通、传递的信息更完整等优势，互联网提高了人们获取信息的速度，并且在地域层次上提升了获取信息的潜力，人类的文明因为互联网掀起的信息风暴而更加璀璨多姿。

随着移动互联网技术和智能手机等移动端的蓬勃发展，人们借助便携的移动设备，可以更加方便、快速地上网，沟通、交流、查阅信息、发表观点等等，世界通过移动网络互联，形成了以个人为节点的互相交织的网状网络，随着微信、微博、抖音、快手等微媒介的出现，为人们提供了更多便捷、快速、高效的沟通交流和信息传播的媒介渠道和平台，人们之间可以随时随地沟通，随时随地互联，世界成为名副其实的“地球村”。

二、微媒介的兴起

微媒介是随着4G技术的成熟和普及，使整个社会进入到移动互联网时代而产生的。互联网与手机移动终端结合到一起，以 4G 网络技术为基础，用户接收信息的渠道迁移到手机设备，当互联网从 PC 端转向移动端，4G 技术 + 手机移动终端使得信息的接收前所未有的便捷，带来了微媒介的飞速发展。微媒介是新媒体发展的最新阶段，也是媒介发展的必然结果。微媒介已成为当下使用最广泛、对人们的生活产生最大影响的媒介形式。借助移动互联网和智能手机的蓬勃发展，人们开始步入了网络化、信息化、数字化生存的时代。在数字化的通讯、社交、购物、出行等的工具和手段中，微媒介在人们的生活中占有越来越大的比重。微博、微信、微电影、微小说、微媒体、微广告、微支付、微新闻、微商城、微阅读、微商、微课、微综艺等渗透进人们生活中的各个角落，对人们的生活方式以至于生存方式产生了颠覆性的影响，可以说我们已经进入了一个名副其实的微媒介时代。以微信为代表的微媒介即时通信工具以其内容短小精悍、联系便捷、及时沟通、定向传播与广泛传播相结合等特点迅速成为当下最受欢迎的媒介形式。不仅在即时通信层面，微媒介还渗透进了公共生活的方方面面，人类进入了一个无所不在的微媒介时代，微媒介不论是使用时长，还是在用户中的影响力和使用黏度，都令传统媒介黯然失色，微时代已悄然到来。

人们在上网的过程中，最常使用的是微信、微博等即时通信类和社交类 App、短视频（微视频）类 App、网络购物、网络新闻类 App 和网上外卖类 App，微信、微博、短视频、网络视频、网络直播等借助于手机终端的微媒介形态与人们的日常生活紧密相连，成为人们日常生活的重要组成部分，所有这些以数字化、碎片化、即时化和赛博化等为特征的新兴媒介形态已经在潜移默化间改变了我们的生活。

（一）微博

新媒体时代的“微”革命是从微博开始的，全世界范围内最早出现的微博是美国的“Twitter”，2006 年美国“Twitter”推出微博客服务，很快风靡美国并在全球范围内引发关注。中国本土化的微博在 2007 年萌芽，在2009年进入蓬勃发展期，新浪在2009年推出微博后，用户数以每周50%的速度增长，到2010年成长为最具有影响力、最受关注的微博。2010年被称为中国微博元年，到2010年不管从用户数量还是影响力方面，都达到了前所未有的高度。微博的特点是用户可以用简短的文字将自己的最新动态、所思所想、所见所闻发布到平台上，其倡导的口号是“一个140个字的交流平台，一场140个字的信息革命”，微博出现以后发展迅速，而今成为了备受关注与瞩目的重要媒体力量。据微博发布2022年第二季度财报显示，截至二季度末，微博月活跃用户达5.82亿，月活跃用户中来自移动端比例达到95%；日活跃用户达到2.52亿，按照微博的增速来看，目前微博用户已进入5亿时代。究其成功原因，微博之前最受追捧的是博客和社区、论坛，博客一般是长文形式，需要博客发布者具备一定的文字功底，社区、论坛的帖子也是对发布者有着比较高的文字撰写能力的要求，所以在很大程度上限制了受众人群，而微博因其140字之内的文字要求，发布的内容就变得简单、直接，140个字可以发布简短的信息、可以用简短的文字晒晒心情、可以随时发布自己的日常状态、可以拍段小视频、也可以拍张照片发布上去，微博用户只用140个字“说出自己”，碎片化的信息能完成对某个事件的完整报道和传播，也能够记录一个普通人生活中的所有点滴，微博满足了广泛受众的自我展示需要，同时也迎和新媒体时代快节奏的需求。另外，当下微博已成为汇聚热点事件和热点讨论的重要平台，一旦社会上发生重大事件，人们往往去微博了解情况，微博在热点事件领域始终保持着优势，微博热搜成为人们了解社会上重大事件的重要途径。

（二）微信

微信是2011年腾讯公司继QQ之后推出的又一款为智能终端提供即时通讯服务的免费社交程序，其主要功能是发送文字信息、语音信息、图片等，随着微信功能的不断开发，此后又陆续加入了微信朋友圈、微信群聊、语音视频通话、微信公众号、微信红包、微信支付、微信小游戏、微信商城、微信小程序、微信运动等功能，使得微信成为一款集社交、移动支付、网络购物、文化传播等为一体的多功能的微媒介平台。

根据腾讯发布的2022年第二季度财报，截至第二季度末，微信及WeChat的月活跃合并账号为13.0亿，微信已经融入了中国人的日常生活，在人们的日常沟通交往、信息发布、交通出行、工作群聊、移动支付等场景中都发挥着重要作用。微信功能的丰富性，满足了用户的多元化使用需求。微信拥有如此庞大的使用群体，同时用户使用黏度高的一个重要原因在于微信以智能手机为载体，并和手机号绑定，微信和手机通讯录互通，使得微信变成了短信和手机通话的精准替代品，这就使得微信可以借助手机号建立起一个有效快速而且较为亲密的社交网络。微信现已发展成为融通讯、社交、资讯、移动支付和记录表达等功能为一体的综合性平台，成为连接人与人、人与服务、人与商业的重要桥梁，使得手机这个移动终端发展成全新的传播介质和社交节点。目前，微信的辐射范围已从核心的线上社交通讯层逐步向经济、文化等宏观领域不断延伸。

（三）微视频（短视频）

随着移动互联网、智能手机和4G技术的普及，短视频迅速崛起，2013年被称为是短视频元年，这一年微视出现、新浪推出秒拍、快手转型短视频，此后还有微拍、微录客、美拍、小咖秀、一条、二更、梨视频等一大批短视频应用陆续出现，短视频生产的快速化、简洁化、通俗化等特点，使其用户数量迅速增长。2017年，随着快手、抖音等短视频平台的强势崛起，短视频、微视频成为当下仅次于微信的第二大媒介类型。短视频的视频时长一般介于15秒到5分钟之间，其传播渠道主要是社交类、媒体类App客户端或微信群、朋友圈、微信公众号、微博等的转发分享。据中国媒体报道，截至2021年6月，我国网络视频（含短视频）用户规模达9.44亿，从具体使用时长看，日均观看短视频超过60分钟的用户占比达56.5%，人均每天使用时长升至87

分钟。短视频为全民提供了最全面、最真实的社会“微”记录的手段，人们习惯了用短视频记录点滴生活，当随手拍摄、随时上传、分享与点赞犹如“脱口而出”般便利，短视频成为人们即时交流的“口语”。它以一种“日常经验”的“非日常”表达，让社会生活中的每个角落、每个细节、每个创意被更直观、更生动、更有趣、更丰富地“说”出来，以短聚长，由小汇大，基于短视频日常记录的全民创新成为进行时。心理学研究表明，视觉显著性的信息更容易吸引人们的注意力，因此视频比文字更具有感染力和吸引力，相比文字、图片和长视频，短视频既有动态的画面，又在较短的时间内完成一个段落，适应了移动社交媒介碎片化传播的特点，使短视频成为全民参与制作、分享、传播的新兴媒介形式，短视频（微视频）激发个体参与，增强社会个体的文化想象力，改写日常生活经验，释放平淡景象的视觉能量。

在中国，短视频已成为一种媒介融合的实践语态、网络文化的当下图景、交互传播的应用场景、文化转型的技术镜像。短视频呼吁个体的参与生产，推动时代景象的即刻更新，鼓励知识创造的草根介入，拥抱宏大叙事与微叙事的语态融合。未来，短视频将呈现媒介融合加速的态势，短视频 + 直播、短视频 + 电商、短视频 + 咨询等，通过在各类网络应用中的无缝嵌入，短视频将推动社会创新在移动互联时代的本土路径重寻、理念重构与方法实践走向一个探索性的新征程。

（四）各类移动客户端 App、其他自媒体等

广义的微媒介还包括以移动互联网和智能手机为载体的各类移动端 App，例如手机淘宝、京东、美团、猫眼、当当等各类购物消费类 App；今日头条、网易新闻客户端、腾讯新闻客户端等各类新闻资讯类 App；豆瓣、大众点评等各类评论类 App、携程、艺龙、去哪网等各类旅游交通出行类 App 及王者荣耀等各类游戏类 App 等。微媒介还包括除微信、微博、短视频之外的其他自媒体形式。自媒体又称为“个人化媒体”，是以个人化、平民化、普泛化、自主化的传播方式为主，利用网络化、电子化的手段，向不特定的大多数或者特定的

单个人传递规范性及非规范性信息的新媒体的总称。自媒体时代的特点是人人皆可成为创作者、传播者、欣赏者，自媒体带有交互性和自主性特征，使用者可以通过自媒体平台自主地创作、传播和接受个性化的内容。自媒体除微信、微博之外，主要还包括博客、播客、QQ、MSN、SNS社区、飞信、百度官方贴吧、论坛、BBS网络社区等。

三、微媒介兴起的背景驱动

当下，微信、微博、微视频等基于移动互联网的微媒介已经成为主流的媒介形式，中国的媒介发展进入了微文化时代。在微文化时代，文化精英意识逐渐瓦解，各种消解权威平民立场的小叙事陆续登场，塑造出多样化的信息和话语形态。微媒介的产生有着多种驱动因素，比如：

一是媒介技术的驱动。“微”文化和传播的出现都是基于互联网技术。这个改变了过去点对面的线性传播方式，转换为点对点的网状传播。保罗·莱文森认为技术和媒介的发展是向“人性化趋势”进行演化的，人们发明技术和媒介的同时也被它们所塑造，在此基础上，人们又会不断提升自己的生存技能，来适应新的现实环境。[①] 20世纪20年代是默片和无线电广播作为单纯依靠视觉和听觉的一维媒介兴盛的时代，分别为世界提供了视与听两种娱乐形式，前者只播放视觉影像，后者只播放声音，两种媒介形式正好形成互补。随着有声电影和电视的出现，这两种媒介将视与听融合在一起，达成了视与听的协调，随着电影和电视的大行其道，默片逐渐消亡，无线广播却存活下来，而且生机盎然。无线电广播的存活和默片的消亡说明，只听不看的媒介比只看不听的媒介更加适合人类的需求。电视屏幕越来越大，电影则开始向3D、4D、5D、三维全息影像发展，这表明如果一种媒介想要尽可能多地重现现实世界的信息环境，那么它本身必须与环境具有足

① 〔美〕保罗·莱文森．人类历程回放：媒介进化论［M］．邬建中译．重庆：西南大学出版社，2019.

够多的重合点。通过电视人们能够获得动态的影像和声音，电视几乎复现了一个与现实无异的视听世界，但人们并不满足于此，还想进一步获取能够包罗万象的媒介方式，从而实现与前技术环境更高的契合，这种强烈的愿望激发并推动了电视的进一步进化。进而保罗·莱文森指出，电子媒介、互联网和大数据技术的出现，所揭示的事物间的普遍性和相关性不过是人体器官之间相关的外化，它的出现不过再次证明了人性化媒介的回归，而且是更高层次的，是在整个宇宙体系内的回归。现在的所有媒介革命，包括物联网、虚拟现实、媒介产业链等不过是在一定层面上强化这种类人体间的联结，大数据对宇宙间事物相关性的揭示，证实了媒介进化论和“天人合一”的正确性。虽然媒介进化的人性化趋势是不断回归真实的世界，但它们在进化在过程中仍然试图保持（甚至增强）原始媒介跨越时空的延伸能力。以电报、电话、信件为例，电报是电话出现之前快速传递信息的重要媒介形式，当电话出现以后，虽然对电报产生了冲击，但并未使电报很快消失，原因在于语言的转瞬即逝性质，电话不具备记录功能，而电报可以永久记录传递的信息，也就是说电报的传播能力和空间能力使它能够实现时间中的延伸，可以留存记录，永久保存，这是电话做不到的。就新媒体技术来说，一方面得益于网络技术的保障，另一方面也得益于智能手机的普及化，互联网和智能手机的普及为微媒介的广泛使用提供前提和基础。同时，微媒介操作界面的日益便捷化，让大家阅读、转发、评论、上传文字、图片甚至视频都非常的易于操作。语音智能助手、手指触屏划动、指纹开机、面部识别，这一切都使媒介技术越来越趋向于人性化、便捷化。

二是大众心理需求的驱动。无论是信息传播还是媒介演变，归根结底都和人们日常生活需求的满足相关。从马斯洛人的需求五层次说（生理需求、安全需求、社交需求、尊重需求和自我实现需求）来看，微媒介作为社会化的媒介形式，满足了人的社交需求、尊重需求和自我现实需求。首先，人是群体性、社会性的动物，人类在内心深处都害怕孤独，渴望交流，都要社交的需求。微媒介是大型的社交网络平台，为个体之间交流沟通、交朋友或与朋友互动等各种社交需要都提供了便利，满足了人们社交的需求。其次，微媒介上允许创建每个人自己的内容，这是微媒介平台对每个内容发布者的尊重，同时这种创建和发布本身就是赢得更多阅读者和吸引更多粉丝尊重的过程。在微媒介平台上，只要你的内容足够好，就很容易赢得别人的认可和尊重。再次，在微媒介平台上可以发出自己的声音，表达自己的思想，可以影响他人、影响社会，可以有更多的机会实现自我价值。

微媒介的兴起，不仅调动起了受众内心潜在的便捷沟通和自我表达的需求，更是大大满足了这种需求。在通过互联网即可以浏览海量信息的时代，人们更喜欢看那些能令人产生激动、开心、愉悦、感动、震惊等情绪的内容，这是人性中的逐乐本能。在能够轻易获得信息的情况下，人们通常喜欢简短、支离破碎而又令人愉快的内容。同时也借此消解和对抗日常的无聊与空虚，对于长篇累牍的叙述，大块大块的铺垫，平淡无奇的东西，人们已经失去足够的耐心，因此短小精悍而又引人入胜的内容才能吸引观众的眼球。在当下网络竞争激烈的时代，眼球经济是第一生产力，谁能快速吸引住观众，谁就拥有了网络点击率和流量的优势，也就拥有了主动权。触手可及的手机里有着无穷无尽的海量信息，无论远在天边的新闻还是近在眼前的消息都随时可得，同时还可以在微信、微博、抖音等平台上随时发布自己的所感所想，并且可以随时点赞、评论、转发、讨论等，在海量的信息和多元化的表达手段面前，人们不再孤独，也没有时间孤独，但同时人们也被抛入了无止境的喧嚣与躁动之中。

三是数字化生存环境的驱动。尼古拉·尼葛洛庞帝在《数字化生存》中指出，数字化科技带来了我们时代的巨大变迁，人类社会进入数字化生存时代，人们的生活方式也随之发生了改变。人们慢慢习惯了互联网介入的工作和生活，习惯了便利的数字化信息传输；沉醉于数字技术制造的超现实影像中，这一切的到来几乎在潜移默化中改变了人们的思维方式和生存方式。微媒介如今已经成为一种网络传播主流媒介形态。微媒介的快速兴起，既有其形式的简约、技术的成熟等基础性因素，也源于它适应了当前人们的数字化生存需求。数字化时代到来的标志是人们的日常生活日益网络化、媒介化、移动化，随着互联网和智能手机的普及，移动网络成为人们日常生活的重要载体和手段，人们通过互联网通讯交流、购物消费、娱乐出行、阅读学习等等，移动互联网和智能手机为载体的微媒介已成为人们生活的重要组成部分。数字化生存环境下的新媒体时代带给我们诸多变化，首先就是我们对微媒介的依赖越来越明显了，媒介在生活中的作用越来越多元化，同时功用性越来越强，它们便利了人们的生活，同时也带给人们很多困扰。其次是微媒介使我们的时间越来越碎片化。原本应该是整块的阅读时间、写作时间、亲子时间、工作时间、旅行时间，随着微媒介在人们生活中的作用越来越凸显，它常常扮演突然打断人们生活的闯入者角色，由于信息发送的便捷，使得人们在专注做事时，常常被突如其来的消息打断。微媒介在日常生活中，也填补了人们的碎片化时间，使得日常无聊的时间变成休闲娱乐或信息获取的时刻。微媒介的出现满足了人们在碎片化的时间里放松娱乐或者信息吸纳的需求，微媒介因其短小精悍、可随时开始又可随时停止的特性，有效地填补了生活化、碎片化时间，因此，微媒介的快速发展符合了当代人数字化生存的境遇，满足了人们对媒介需求的结果。

第三章　媒介人主体地位的消失与异化

移动互联时代的开启，使人类正在逐步脱离信息传播活动中的物化空间距离，并且人与人之间跨越地域空间界限进行同步信息交流可以轻易地实现。在这样的一个技术时代，人们的交往主体功能正在发生多元演化，如技术时空所赋予的主体性关联也在人们超越交往地域空间、颠覆旧有交往方式、建构新的交往形态、重构主体概念，随之而来主体承载的自我动能与价值观念也在发生变化，从而在自我、媒介与社会的数字化融合进程中不断建构新的主体性目标与自我价值体系。特别是随着微媒介的崛起，其本身是具有双面性的，它在给人们带来极大便利的同时也不可避免地给人们带来了弊端，例如当人们越来越依赖并借助微媒介在生活、工作、出行、人际交往、消费娱乐等方面获得便利，那么人们收到的外界信息越来越多，个人的私人时间和空间被打破，生活的节奏经常被打断。人们看似有更多主动的选择，但实际上只能被动地接受外界所显示的信息，结果就是人们内心世界的宁静与平衡被打破，人变得越来越失去自我，以至于外部世界对于人们的要求，不管是否真的很重要，都变得异常频繁而强烈。人在微媒介主宰的世界里越来越依赖社交媒介，会导致逐渐失去现实世界中的生活。人们被泛滥和爆炸的信息包围，处于信息超载和浅表性阅读与思维的困境中，由于每天接受海量的信息，人们大脑每天都要处理信息是否有用，无暇对所有信息一一细读、消化、吸收。长此以往，人在与微媒介高度依赖与融合中，人的主体日益发生着异化，可能会导致人的注意力出现了聚焦障碍。

一、主体地位的消失

随着大众媒介对人类生活的日益渗透，原本作为工具使用者的人类的主导地位却越来越趋于被动。原本媒介是作为一种人类获取信息的工具而被发明，但从互联网时代早期的“网瘾少年”到新媒体时代的“抖音中毒”来看，从游戏到视频，许多新媒体都将“上瘾”这一要素融合在技术中，让用户不断沉溺其中。人只有成为主体，才能获得真正的自由，主体性与人的自由和解放具有内在的一致性。然而，当人们过分信赖工具理性，由倡导自由走向对理性的迷信以及崇拜理性万能，就会导致理性的独断、人与社会感谢的异化和人自身的异化。在网络信息社会里，除了主体的客体化这一人的异化一般形式之外，更主要的就是人的比特化、符号化了。人在网络中的比特化、符号化，在今天已成为了人与物、人与劳动相异化的现代版本。对人的主体性最大的打击，来自牛津大学顶尖神经学家苏珊·格林菲尔德的观点。她认为，对智能手机和社交网络越来越多的使用将会给人们带入一种永远无法令人满足的数字现实中，同时这也会使人们的记忆发生减退，使人们的社交能力萎缩，甚至最终使大脑开始退化。正如卢卡奇所说的，在理性化和机械化时代，人的物化更多的是以主体的客体化、人的抽象化、人的原子化等物化形式表现出来的。[①]

（一）微媒介“上瘾”与依赖

工业革命以来，科学的迅速发展极大促进了人类主观能动性的发展，人类渐渐走出蒙昧无知的混沌状态，依靠智慧去推动社会的进步。在这一认识世界并改造世界的过程中，诞生了巧夺天工的技术和工具，人类在娴熟掌握各种工具的同时，也在日常生活中极大程度地依赖着它们，而在现代社会中，随着无声无息的依赖不断加深，这一人和物的关系逐渐异化，在工具与技术深深嵌入每个人生活的今天，技术对

① 周立斌．卢卡奇的物化理论及其演变［M］．北京：中国社会科学出版社，2012.

人的奴役将人的主体性地位取而代之，人与媒介的关系也正不断陷入这种非常态的关系网络之中。

媒介对现代社会的渗透无处不在，现代人已经养成了对媒介的普遍依赖。对于很多人来说，大众传媒已成为他们安排工作和休闲时间的参照物，我们可以很容易在脑海中勾勒出现代人典型的一天，从手机开始到结束：早上醒来第一件事是打开手机，上班路上用手机看新闻或视频，工作时间对着电脑忙碌，下班回家第一件事是打开电视，睡前仍然在对着手机或平板电脑等电子屏幕。

使用与满足理论认为，受众对大众传播媒介的使用是由目标导向的，个体根据自己的需要而去选择媒介。但在消费社会中，大众媒介不仅仅是以需求为导向，而是在满足用户心理需求的同时，期待能养成用户使用大众媒介的依赖，想方设法养成用户稳定、长久的使用习惯，甚至导致用户的上瘾，从而谋取利益。在新媒体时代，这种趋势表现得尤为明显，也是现象的一个缩影。

心理学者亚当·阿尔特在《欲罢不能：刷屏时代如何摆脱行为上瘾》一书中，提出了构成上瘾的六种要素：诱人的目标、无法抵挡且无法预知的积极反馈、渐进改善的感觉、越来越困难的任务、需要解决却暂未解决的紧张感、强大的社会联系。在短视频平台上，用户每次手指的下滑都会带来一个未知的短视频，他们永远猜不到下一个短视频会带来什么样的内容，可能是摇头晃脑的小猫小狗，可能是一段搞笑的模仿，如果用户对此视频不感兴趣，也只需向下一滑即可。另外，短视频的点赞功能也是一个必不可少的正反馈机制，在短视频的界面上，点赞按钮在一个很明显的位置，点击之后还会有动态特效，能在心理上给用户一个积极的反馈，和社交网络上的点赞行为一样，同时根据点赞给用户推荐他们所喜欢的短视频，这也是一种间歇性奖励机制，会让用户更频繁地去打开应用。这些设计的最终目的便是让用户的使用频率和时长不断增加，于是用户就像斯金纳箱中的小白鼠，不断地重复一个单调的动作以期奖赏，推荐的视频流是无穷无尽的，用户的期待也在每一次的手指下滑过程中得到满足。所以在社交网站上经常可以看到用户调侃自己“抖音中毒太深”“刷了一晚上停不下来”等，“抖音中毒”在抖音爱好者中已经不是一个新鲜词。

由于用户的过度使用已经带来了一些不良后果，当用户无法受理性控制而过度沉溺于媒介本身时，使用者的主体性便会逐渐丧失，原本居于被动地位的工具则一跃成为控制者。抖音于2018年4月上线了防沉迷系统，用户日均使用时间超过两小时后系统会锁定，需要输入密码才可继续使用，但根据之后抖音官方6、7月份公布的数据，其日活跃用户数仍在继续上升，可见对于成年人来说，简单的提醒功能可能并不能对媒介的过度行为进行真正有效的抑制。在人们的印象中，“防沉迷”这个词语所指向的对象大都是电子游戏，所约束的对象多为未成年人，其主要功能还是帮助家长监督儿童。但近年来，它的适用范围已经从游戏逐渐扩散到了社交媒体、短视频等领域，包括Instagram、Facebook在内的社交媒体都在2018年相继推出了防沉迷功能，并且没有区分用户的年龄，可以说，互联网时代的媒介“上瘾”已经成为一个无关年龄的普遍现象。

（二）“宗教”式媒介的出现

吉登斯在《现代性与自我认同》中指出，在晚期现代性背景下，个人的无意义感是一种根本性的社会问题，现代社会中的个体越来越相信权威，并在专家系统中寻找自身行为的参考体系，当个体无法获得所必要的全部真实信息时，便会求助于大众媒介，并逐渐养成了对于大众媒介的依赖[①]。在现代社会中，大众媒介已经越来越多地承担起个体社会化的功能，媒介将大剂量信息输送给人们，运用技术和信心构建起自己的权威性，个体自主的意义空间不断被其压缩，再加上对媒介的深度依赖，最终导致主体失去了内省性思考。按照媒介所呈现的方式去理解自我，将媒介所展现的世界当作是现实。正如现代人的日

① 〔英〕安东尼·吉登斯．现代性与自我认同：晚期现代中的自我与社会［M］．夏璐译．北京：中国人民大学出版社，2016.

常生活在极大程度上都依赖于大众媒介。当遇到问题时，很多人第一个想到的求助对象便是“百度”，甚至在生病时首先想到的不是去医院而是在网上搜索该吃什么药，许多人对于大众媒介上的信息深信不疑，甚至达到了盲从的地步，在一定程度上，互联网特别是在微媒介崛起后已经取代了宗教信仰，成为现代社会中人们新的生活指南和精神导向。在抖音短视频中，当某个视频走红后，许多用户为了吸引关注会去模仿该视频，但是由于盲目模仿而酿成事故的案例在新闻报道并不少见。这些看似无理取闹的事件背后，隐藏着的现实是模仿者对于视频中的做法有着可行性的预设，但这种可行性往往并非来自对于客观事实的理性判断，而是一种被拍客将“前台”包装成“后台”所造成的错觉。

无论是使受众着迷般重复“刷屏”的动作，还是乐此不疲地模仿视频内容进行拍摄，用户都在主动将媒介卷入日常生活。在这一过程中，媒介运用各种技术满足用户的心理需求，为其展现一个虚拟的真实世界，从被电视“支配”到被手机“支配”，媒介依赖虽然在形式上发生了改变，但其本质仍是对于受众的影响和控制，在不断发展的技术和娱乐文化的包装下，其运行机制正变得更加隐秘，受众也心甘情愿地在媒介为其带来的狂欢式体验中沦为被动的一方。

二、主体的人格重塑

人格是人所具有的特质的总和，是主体性赖以形成和发挥作用的重要客观条件。人格既具有稳定性，同时也具有隐蔽性和变化性。人格的形成与先天因素和后天环境紧密相关。媒介作为环境因素的重要部分，往往对人格的形成与变化产生作用。媒介对人格塑造的发展史最早可以追溯到人类对火与工具的使用，人类学会使用火和工具，使人从动物进化为人。语言的出现与广泛运用又使人类进一步进化为具有理性思维和文化内蕴的智人。电子媒介的出现，使人由理性思维的人演变为依靠视觉思维的主体。随着互联网技术的发展和微信、微博等微媒介的广泛传播使用以及蓬勃兴起和快速普及，微媒介作为社交媒介，为人们的日常沟通交流提供了便利，同时也成为自我展示的重要途径。日常发朋友圈、发微博已成为现代人的一种普遍性行为方式，它承载着人们的多种生理与心理需求：日常记录、传播信息、形象塑造与提升、展示炫耀、刷存在感、关系网维系等。网络对人们日常生活的渗透无处不在，这为人们提供了新的“生活空间”。网络编织出的虚拟空间为人们打开了一扇新世界的大门，在虚拟的网络之上，每个人都可以尝试表现出与现实人格不同的人格面貌，呈现出不同的人格特征，由此便促成了虚拟人格的产生。

虚拟人格是指在网络的虚拟世界中刻意或无意的形成一个虚拟社区中的虚拟形象，形成一定的虚拟社区地位，并获得一定的虚拟社区评价。其是一种旨在借助于网络中的虚拟化身对自身进行补偿或提高的虚拟的人格，其在网络环境中表现出不同于现实人格的独特的心理行为模式。[①] 虚拟人格是网络时代特有的产物，它与网络空间的特定虚拟环境有关，是主体在虚拟网络空间表现出的与现实人格不同的另一种人格，是人在虚拟空间作用下的独特人格体现。虚拟人格包含压抑型人格、理想化自我人格和网络暴力人格。

（一）压抑型人格

压抑型人格是平时在现实生活中被压抑的、无法显露和展现的人格在网络虚拟环境下的呈现。弗洛伊德的人格结构理论提出人格系统由本我、自我、超我三部分组成。本我是人格的基础，是原始的、与生俱来的本能和基本欲望；超我是按照道德准则对本我的欲望和本能进行约束；超我呈现出的道德化的自我是守门人，自我奉行现实原则，是本我和超我之间的桥梁。在现实生活中，本我、自我、超我按照社会规范、道德原则和法律制度相互制约、相互渗透、相互存在，是和谐统

① 刘颖，赵宏．网络环境下虚拟人格研究进展与热点分析［J］．开放学习研究法，2018（04）：20-26.

一、存在联系的整体。它们在社会、道德、法律准则约束内既满足人的基本需要和欲望，又可以实现个人的崇高愿望与理想，展示完美的自我。但网络的出现，打破了人格之间维持已久的平衡。由于网络的虚拟性和匿名性，人可以隐藏真实的自己而让其不被发现，并在网络中塑造长久以来无法实现并向往的自己，这为压抑人格的释放提供了条件和空间。

研究者发现，压抑型人格产生的原因和人的心理失衡有关。心理失衡是指“个体在愿望、需求和基本欲望得不到满足或遭受挫折失败时产生的一种心理上的不平衡甚至紊乱的状态”。在当下社会竞争激烈，现代社会人们都承受着因社会竞争带来的种种严重且复杂的心理压力，工作上、升学上、房贷上、人际关系上、事业上等多方面压力时时困扰着人们，使得人们内心易于产生紧张、焦虑、烦躁、恐惧等不安情绪，或者现实生活中所遭遇的工作不顺利、感情遇到挫折、生活中遭遇不公或打击等等，都会使人内心产生压抑和心理失衡。很多情绪在现实生活中无法得到宣泄，为了缓解压力带给人们的不利影响，人们便会选择各种不同的方式进行排解，这也是人的一种心理防御机制。而网络的匿名性则催生了压抑型人格的产生，同时成为很多人发泄自我、宣泄情绪、调节心理、平衡内心的有效途径。压抑型人格是现实人格在自我管理上的补充，也是现实人格在被长久压抑下的真实人格的未显露面。压抑型人格并非只在网络上真实存在，它也存在于其他媒体之中，只不过它的真实面往往显现在虚拟的网络上。在网络环境中，人们依据网络的隐匿性成为“无名氏”，这时人们便可以自由表达出在现实中无法尽情表现和吐露的情绪与心声，并释放平时被压抑的真实面，以此实现一种心理平衡。

（二）理想化自我人格

美国社会学家欧文·戈夫曼将自我分为三种类型：第一种叫真实自我，也就是人们原原本本最真实的性格和样子；第二种叫规范自我，也就是社会角色所规定人们应当成为的样子；第三种叫理想自我，这是每个人梦寐以求想要成为的理想状态。戈夫曼在他的著作《日常生活中的自我呈现》一书中提出，社会就是一个大舞台，每个人都是社会舞台上的表演者，在社会交往中，人们都希望将精心策划的自我形象呈现给别人，以获取他人的认可与赞美。戈夫曼还指出，在面对他人进行表演时，多数时候我们都希望给别人留个好印象，这种心理期望与行为方式也被称作印象管理，印象管理即人们对于向外界所展示自我形象的指向性和选择性表现。于是在生活中人们往往要隐藏真实自我，而去尽量地表现规范自我和理想自我。朋友圈里，人们美化自己、展示生活美好的一面，其实就是在展示理想的自我。在很多时候人们不愿向外界展示一个真实的自我，他们认为真实的自我有些许缺陷，因不愿将短处张扬，所以便只对自我的完美面进行展示，这种逻辑思维方式与发布朋友圈时我们的心理动态有所相似。微信朋友圈其实是一个社交平台，在发朋友圈的时候，就是把自己展示在想去分享的人面前，所以对于大部分人来说，只会将自己的生活“去芜存菁”，筛选出最闪光的部分发布在朋友圈内与别人分享，即便是吐槽的内容，也会选择分组，留给更亲密和不设防的人。总而言之，在朋友圈中，我们仍希望在大部分人眼中塑造一个比现在更美好的理想自我。

实际在网络之中大部分人都会进行自我形象塑造。牛津大学研究者Bernie Hogan认为，人们的自我呈现已经从一种现实生活中的表演行为变成了社交媒体的“展览”行为。所发的动态、贴的照片、点的赞、写下的评论，都作为个人的印记而留在社交平台上，等待访客们的点击。如此一来，人们也就从生活中的演员，变成了社交媒体上的布展人。美国社会心理学家乔治·米德认为，人的行动是有目的的、富有意义的，人们通过不同的“姿态”来传达目的和意义，“姿态”是表达自我的媒介，“有意义的姿态”作为一种符号，是人们进行自我身份塑造的一部分。在微信里，我们通过设置头像、个性签名来塑造和强化身份和外界眼中的自我形象，或者通过发朋友圈来分享生活，通过点赞来体现态度，这些都是用以表达“自我”的“姿态”。在这样的语境中，自恋文化得到了释放的空间，大量科学研究都发现一个人越自恋，他就会越频繁地使用社交网站，越频繁地登录更新状态发自拍。很多研究都发现社交网站的重度使用者往往会倾向于展露生活中美好的一面，甚至会夸张自己的美好，将自己塑造成一个完美的形象，其最典型的表现就是自拍。

然而，理想自我的展示如果过度就变成了伪饰，在网络上将自己塑造成非常优秀、完美的形象，在朋友圈中过度展示自己生活中的奢华一面，并带有强烈的炫耀性，甚至存在夸大的成分，但其展示出的形象却和生活中的真实自我有着很大差距。例如朋友圈上传的照片被过度修图，将自己打造得更加标致，但结果照片往往与真实相貌大相径庭。还有的人为了博取网络关注度或者出于某种利益的需求，在一种“伪满足感”的驱使下，在非真实状态下美化自身，无节制地发布炫耀性的旅游、大餐、自拍等照片。这种行为潜在地暗示了用户迫切希望通过展现自我达到被他人关注的欲望，希望从他人的浏览、点赞或评论中获得关注和重视，以寻求归属感和获得认同感。有的人伪饰自己只是为了满足自我的虚荣心，而把自己打造成和现实反差较大的完美的个体形象，而有的却是带有主观恶意欺骗的性质。

除了在微信、微博、微视频中发布自己的动态信息之外，转发也成为了微媒介中的主要行为。在简单的转发行为背后，实际上映衬着我们的自我认知。根据美国社会心理学家乔治·米德的“主我与客我”理论，自我可以分成作为意愿与行为主体的“主我”以及作为他人社会评价和社会期待的“客我”。用通俗的话来说，“主我”即真实的自己，“客我”则是自己向外界展示的状态以及他人对自己的评价。在我们发朋友圈时，起到内容“把关”作用的就是“客我”。微信的实名性以及熟人圈子，决定了人们在朋友圈中要受到比微博更强的约束力。为了降低说话的风险以及减少他人对自己的负面评价，很多人会倾向于选择一些文章性的内容转发到朋友圈，这样单纯地转发消息而非自己创造内容，就成了在朋友圈里塑造“自我”的“安全牌”——既不显著表达观点和立场，又能够从侧面体现出自己的审美趣味和价值取向。

人类是社会性动物，人类不断通过周围人的肯定和赞美来获得对自身身份、地位、关注度的证明。

（三）网络暴力人格

在互联网的快速发展之下，由于网络的开放性、匿名性等特征，网络空间为人们提供了可以自由发表言论的平台，网民可以在网络上匿名发表对于某些事件或问题的意见和看法甚至是不当评论。发言者身份的隐蔽性加上网络缺少相应的规则限制和有效监督，使得部分网民将网络视为法外之地，在情绪表达上往往突破了表达的限度，失去了在现实生活中应有的理性，通过用语言侮辱、伤害他人的方式来宣泄自身不满的情绪，以此获得快感，这就容易导致网络暴力的产生。

“网络暴力”通常具有以下三大特征：以道德的名义对当事人进行恶意制裁，以寻求网络问题在现实中解决；通过人肉搜索公开当事人的隐私，煽动人群对当事人进行语言暴力，产生群体极化行为；对现实生活中的当事人进行实质性的威胁、恐吓并造成严重伤害。

在网络世界里，对他人实施网络暴力，常见的形式有实施人肉搜索、进行语言谩骂、散布虚假消息等。“人肉搜索”是指因某一事件获得公众关注，以网络为平台，以广泛参与者为发动对象，以参与者的全部智能力量的组合进行交互式信息的提取，以寻找并锁定被人肉对象的“人际互动”行为。“人肉搜索”是集聚网民的力量，从各种方式渠道搜索到与当事者相关的信息，当事人的职业、身份、履历都被一一扒出，并将之曝光于网络平台上。“人肉搜索”是一把双刃剑，人们使用得当便可以对损害公共利益的人进行“人肉搜索”，并发挥强大的网络舆论监督功能，以此维护社会公共秩序。例如对“高铁霸座男”的不道德行为，通过“人肉搜索”直接对相关责任人的行为进行集体谴责。但是“人肉搜索”如果被不恰当地滥用，对未经证实的信息进行先入为主的道德评判，甚至介入现实，一方面侵犯了当事人的隐私权和名誉权，另一方面在网民的群情激奋下，事件的真实客观性得不到核实，也造成了一系列冤假错案。网民在误导之下，不辨事实真相便开始声讨甚至辱骂，网络声讨从正义的道德审判转变成对公民人权的践踏。

网络暴力中人肉搜索和语言谩骂以及谣言往往是相伴出现的，对于焦点网络事件，很多网民盲目从众，在网络上对当事者发表攻击性甚至侮辱性语言、恶意中伤和粗暴地辱骂当事者。2018 年，重庆万州“10.28”公交车坠江事故发生后，舆情事件发展初期真相没有调查清楚，很多网民就纷纷将公交车坠江责任归咎于私家车女司机，一时间“女司机”被万众所指，很多网民开始对其进行人身攻击，在互联网上，会时不时看到侮辱、谩骂等过激言论。但最终调查结果发现公交车坠江是车内乘客与司机抢方向盘所致，与私家车女司机无关，可在事件真相公布之前受暴者身心已经遭到伤害。这种“键盘侠”“网络喷子”的网络暴力行为，是将个人的非理性情绪宣泄建立在对他人的诽谤诋毁之上，借助网络的虚拟性和匿名性，有些人把在现实生活中遭遇到的愤懑和不满情绪借“对抗解读”的方式进行发泄，部分网民的言论也变得极端偏激和情绪化，甚至突破道德和法律的底线。也有部分网民是受从众心理的驱使，在群体情绪的推动下，“同仇敌忾”“义愤填膺”，从而滋生谩骂、诬陷，而非对事件进行理性地讨论。网络暴力人格的产生与网络匿名性下的集体心理有关，当面对某个焦点事件时，网民变成了一个群体，相应地会产生一种共通的集体心理，这种集体心理使得他们的感情和思想行为变得同自己单独一个人时有很大不同。当个体融入群体时，他就会自觉意识到，人数的强大可以赋予他很大的力量，这时人类的大脑能极易产生大量狂热的激情，那些出乎意料的种种障碍，会被群体狂暴地摧毁。

网络暴力人格的心理特征，首先是“集体无意识”与道德审判。“集体无意识”由瑞士心理学家荣格所提出。“集体无意识”作为一种典型的群体心理现象无处不在，在无意识的深层心理结构中，包含着无数世代相传的共同特性，在日常生活中往往包含着共同的心理结构隐藏的动机造成的后果。[①] 结合“网络暴力”的产生，首先面对社会上

① 〔瑞士〕荣格．红书［M］．周党伟译．北京：机械工业出版社，2017.

发生的违背社会道德规范的恶性事件，大多数网民的出发点都是秉持着善良的心，出于正义感而对当事者进行道德审判，但有时最后的真相并非他们所认为的。网民之所以对违反道德的恶性事件都有着强烈的愤慨，这是源于人类的共性和种族世代相传的先天禀性。比如对真善美的颂扬，对丑恶、残忍行为的批判。“网络暴力”虽然出于正义心理、道德感的动机，这也成为很多人为自己所参与的“网络暴力”辩解的理由，但其实不然，这些举动在群体看来是替天行道，然而现实是人们在不明真相下的指指点点，或许对于无辜的当事人而言才是最为痛苦的，那些顶着道德光环的人或许才是真正的施暴者。

其次网络暴力人格还体现为匿名下的“网络狂欢”。狂欢精神在西方文化中主要表现为消除距离、颠覆等级、平等对话、自由坦率、戏谑、亵渎、讽刺等，它强调了民间文化的价值，它的对抗与颠覆精神与一切永恒、等级、权威相敌对，但网络世界的匿名狂欢很多时候明显带有本我欲望放纵的性质。网络之上聚集了大量“乌合之众”，在集体事件中，他们争先恐后山呼海啸而来，不顾后果地去发表言论，之后又悄无声息而去。对于数量庞大的网民，我们很难一一审查每个人的言论，因此在群体的掩护下，有些网民在网络的世界中肆无忌惮地发表网络暴力言论，也不担心承担责任。网络匿名群体会比个体拥有势不可挡的力量，这种力量可以帮助群体发泄自己本能的欲望，而如果是独立一人时，他是不敢发泄某些欲望的，而只能加以限制。现在的网络暴力公然放弃维护道德正义的外衣，他们只在乎自己是否在这件事上获得快感。当处于群体中时，人们就会产生这样的念头：“群体不同于个人，是个无名氏，在大基数的前提下个人的存在被弱化，一旦出了差错是不需要像个人一样承担责任。有了这样的念头，那些约束着个人不敢发泄欲望的责任感就彻底消失了”[①]，因此“键盘侠们”在一个匿名的网络群体中肆无忌惮地发表自己的观点，甚至是辱骂诅

① 〔法〕古斯塔夫·勒庞．乌合之众：大众心理研究［M］．冯克利译．桂林：广西师范大学出版社，2007.

咒某一个人，有时还会演变成“众怒”。这样的行为根本就并非直率，而是一种因不用负责任而产生的无所顾忌，在网络匿名的群体性掩护下，人们才敢肆无忌惮地恶搞与放纵狂欢。

三、媒介主体的“非我”表征

“异化”作为一个哲学概念，反映的是一种主客易位现象，具体指主体在自己的发展过程中，将自己的本质外化而产生一种独立于人的异己的力量（如宗教、权力、资本等）。这种力量又转过来反对主体本身，使人从属于它，变成它的工具，人由此而丧失了自由，同时也就丧失了他的自我和本质而变成非人的物。通俗来说，就是具有主观能动性的人作为主体，与其相对的是从属于人的客观存在的客体，二者在互动过程中发生从属地位颠倒，主体被客体约束，客体反过来控制主体。那么异化是如何渗透到人们的心理结构之中的，弗洛姆以弗洛伊德的精神分析学为基础对此进行分析，他指出，异化是一种心理体验，在这种体验中人主要是作为一种与客体相分离的主体，被动地接受体验世界与他自身，同时在这种体验中个人觉得和自己疏远起来，甚至感觉不到自己和自己、自己和外在世界亲密的联系。

人类创造和发明技术，旨在造福人类自身，但技术的产生却未必受制于创新发明技术的人。刘易斯·芒福德认为，人类依靠机器摆脱了自然界的控制，却又接受了相应的社会控制。“有了电话以后，个人的精力和注意力不再由自己控制，有时要受某个陌生人自私地打扰或者支配，你甚至无法拒绝”。[①] 法国技术哲学家雅克·埃吕尔 1954 年出版的《技术社会》一书，从技术与社会、技术与人性的角度考察了技术，其核心观点是“技术自主论”，他认为现代社会已成为一个技术社会，按其自身的连续性和内在逻辑性，现代技术已发展成为一个独立的、复杂的技术系统，成为自主的力量，导致人的自主性日益减少，最终

① 〔美〕刘易斯·芒福德．技术与文明［M］．陈允明，王克仁，李华山译．北京：中国建筑工业出版社，2019.

将导致人类文明的丧失。加拿大传播学家麦克卢汉认为媒介形成的新的环境和媒介延伸人类身体的同时，反过来对人类自身形成新的“压力”和自我截除，呼吁人们认清媒介的真实面目，警惕媒介对人们产生的麻木和不自知的状态[①]。进入微媒介时代，它在给人们带来无穷便利的同时，也让人们对其愈加依赖，并由此带来了一系列问题。

（一）社交媒介依赖与群体性孤独

“社交媒介成瘾”是近几年国内外心理和技术研究领域的又一大热点，也是继“媒介依赖”“网络成瘾”之后又一新的关于媒介依赖的研究话题。社交媒介成瘾是指用户在未接触社交媒介时心理上焦躁不安及生理上出现接触欲求，在接触之后即会达到满足、踏实和愉悦状态的一种对社交媒介使用的瘾癖。根据挪威卑尔根大学心理科学系的Andreassen教授的界定，“社交媒介成瘾”指的是个体过度关注社交媒介，登录或使用社交平台的动机强烈，在社交媒介上花费过多时间以至于影响了其他社会活动、学习、工作、人际交往和身心健康。

科学家发现当人们查看手机时，大脑就会自动分泌出一种叫作多巴胺的物质。多巴胺的释放需要依靠不确定性的刺激，比如说看手机的相关视频、讯息等不确定的刺激就会诱导大脑分泌多巴胺，让人们愉悦进而花费更多的时间耗在手机上。很多手机App的设计师都明白这个道理，他们设计一款产品的终极目的就是让用户对它产生依赖并总忍不住去打开它查看最新消息提醒。2014年两位美国畅销书作者出版了一本叫作《上瘾》的书，在这本书里他们总结了四种让用户上瘾的方法，其中首先提到的就是触发机制。触发机制就是引诱你打开这个App的花招。在我们的生活中触发机制其实是一种司空见惯的现象，比如好友发来的信息，这是一种显而易见的触发，不过手机App中的触发机制要隐晦得多，这种隐晦的触发从某种角度看其实是一种对人

① 〔加〕马歇尔·麦克卢汉．媒介即按摩——麦克卢汉媒介效应一览［M］．昆廷·菲奥里等编，何道宽译．北京：机械工业出版社，2016.

们情绪的操纵。举个简单的例子：人们进行一切等待的时候，常常感到无聊；在很多社交场合，又常常感到尴尬；在进行一项枯燥的工作时，还会感到厌倦。这些负面情绪都可以为人们打开手机提供充足的理由，因为我们知道一旦打开了手机就会获得快乐，心中的无聊、尴尬、厌倦就会很快得到舒缓，社交媒体会让我们孤独的时候感受到他人的陪伴，王者荣耀等游戏会让人们无聊的时候感到刺激与愉悦。更重要的是一旦我们因为打开手机而减缓了这些负面情绪，就会在潜意识中建立起这样一个因果关系。久而久之，甚至不需要情绪的刺激，人们也习惯了时不时打开手机寻找安慰和愉悦，这时手机并不是解决情绪问题的良药，而是成了日常的必需品。

传播学者和心理学者研究发现这种成瘾行为会让人们产生失联焦虑和现实社交恐慌。加利福尼亚州立大学的研究者进行了一个实验，他们找来两组人参加一项学习活动，其中一组是手机重度使用者，另一组是不经常使用手机的人。在实验开始之前，研究者把这两组人的手机都收缴起来，然后让他们在实验室中去学习一些材料，并且不能交头接耳。一小时后研究者发现，那些本来就不怎么频繁用手机的人整体状态良好，受到的影响并不大。但是那些手机重度使用者就像热锅上的蚂蚁一样，整体呈现一种焦躁且不知所措的状态。美国思科公司在澳大利亚进行过一项研究，结果发现三十岁的青年人中百分之九十的人都会因为手机不在身边而感到焦虑，研究者称之为手机失联焦虑。人们为何会对手机产生如此强烈的依赖感，拉赛尔贝尔克在1998年做了一项消费者行为学的经典研究，他认为当人们可以掌控或者操纵自己所拥有的物品时，比如唱片、手机、汽车等，人们就会无意识地将这些物品视为自己身体的一部分。人们的掌控力越强，这些物品和自我意识的关系就越紧密，就越需要它们存在身边。他将这些物品称之为延伸自我，反过来讲如果人们丢失了一件一直在身边的东西就会产生一种强烈的被剥夺感。社会学家欧文·戈夫曼举过一个例子，他说当犯人进入监狱的时候，第一个步骤就是将他们的私人物品全部没收，接下来再把他们的发型全部统一成寸头，最后就连犯人的名字也被剥夺了，只通过数字编号来称呼他们。通过这种方法犯人的身体被标准化了，自我意识更加趋同，从而也就便于管理。2013 年贝尔科把这个延伸自我理论扩展到了互联网，他认为人们在各种社交网站中的账号承载了很多的记忆和情感，这也是一种延伸自我，但是相比于现实社会，人们在互联网上塑造的这个延伸自我实际成本较低。比如说在现实生活中人们想要扮演一个有钱人，就不得不花钱去购买很多昂贵的衣服和首饰，但是在社交 App 中，人们可以轻易扮演自己想要扮演的角色。一旦人们沉迷于社交 App 中经营自己的形象，就会对虚拟环境产生重度依赖，从而逃避现实世界中的真实社交关系。

根据《2021 中国网络视听发展报告》最新统计数据显示，中国用户每天使用手机的时长中，有 90% 以上的时间是在使用微信，微信重度用户的比例接近四分之一，他们每天打开微信的平均次数超过 30 次。在微媒介时代，人们对社交媒介的依赖性日益增强，人们日常生活的行为习惯也越来越受微媒介的影响，尤其是微信，起床第一件事是看微信消息、睡前要打开微信翻一翻、日常闲暇时也会不时地点开、形成"用微信扫二维码"的习惯、习惯用微信聊天、有事问万能的朋友圈、看到朋友圈更新习惯性点开、看到朋友发的朋友圈习惯性点赞、看到有趣的事，或者自己觉得脸上有光的事，就想拍照发朋友圈、看到好的文章，就想转发朋友圈，等等。微媒介的兴起直接影响了受众日常的行为模式，在这些习惯性的行为模式背后，反映了当下大众的媒介依赖的严重性。海量的信息，永无止境，人们乐此不疲。当下人们对社交媒体的热情日益高涨，使用微信等的场合越来越多，频率越来越高。在几乎被社交媒介淹没的时代，人们却竭力通过各种方式将空闲时间付诸社交媒介，媒介借助这样一种方式潜移默化地控制人们的思想，以致如果手机不在身边或离开了社交媒介人就容易焦虑、烦躁，失联焦虑成为人群中的普遍现象，这种对媒介的过分依赖造成主体与现实世界的疏离。

例如，在朋友的聚会中一有空档，就有人忍不住去查看手机新消息或者无意识地重复翻看朋友圈。晚上回到家，刚和亲人一起享受晚间时光的时候，人们很可能还是在对着智能手机进行无意识操作，好像活在自己的世界里，不知道什么时候亲人之间变得如此陌生。由此形成了令人讽刺的一幕：即使人们身在同一间屋子里，但他们的心却随着互联网飞到了世界各个角落。美国麻省理工学院的著名教授雪莉·特克尔将这种现象称为群体性孤独。

当下盛行的微媒介等社交媒介原本的意图是使人与人之间的沟通更便捷，信息传达更迅速，以此拉近人际关系。然而现实中的情况似乎背道而驰，微媒介的广泛使用，不但没有拉近人与人之间的距离，反倒正稀释着人们简单纯粹的社会交流，减少了人和人直接对话的频率，改变着人们沟通的场景。闲暇时人人一部智能手机，看着微信、刷着微博和抖音，线上分享社会及时变化、展示个人当前状态，点赞频繁、转发不断，关系无比亲密，线下却沉默无语。当下在群体的聚会中最常见的现象就是:一群人坐在一起却很少交流，各自摆弄着手里的手机，可谓虚拟的热闹背后更多的是群体的现实孤独。每个人都在对着自己的手机屏幕打字，智能手机已经成为了大家身体的一部分，社交 App 所创造的世界已经成为了真实世界的一部分，大家逐渐喜欢上了社交 App 中那个理想简单的自我，每当大家感受到了挫败，就会顺手打开手机，完成一次从现实生活中的逃离，这就是人们频繁刷手机的另一个重要原因。人与人之间的交往对媒介的依赖更强了，人们之间面对面情感的交流日益匮乏，人们将注意力转向对媒介的关注，更愿与机器对话而减少与人交流，从而导致人格的异化。

（二）信息超载与深度注意力的聚焦障碍

在微信时代，所有的时空界限统统遁形，摄取信息成为生活内容最重要的组成部分，并不是因为这些信息能派上用场，而是人们必须生活在信息的世界中，就像生活在空气中。人们每天处理大量的信息，可能比最勤勉的皇帝批阅奏折还要繁忙。某种意义上信息的转发就是生产，复制就是生产，重复生产的信息就是垃圾信息。因此在微信时代，人们注定被垃圾信息合围，而对信息的真伪和信源可信度的关注，经常会被后继的大量信息所转移。因此虚假信息不仅很少得到纠正和澄清，有时反而传播得更快。有人曾设想发明一种信息自动过滤器，来抵挡垃圾信息，然而即便有这样一种功能，个人不仅要孤独地面对铺天盖地的信息，还要处理信息过滤器所产生的新信息。这就是当代人的境遇。尼古拉斯·卡尔认为，信息超载已不是虚张声势的提醒，而是令人烦躁不安的事实。这个事实不但吞噬着你我的注意力，更重要的是对我们的大脑产生了颠覆性的影响，人们开始适应非线性的阅读方式，或者说是支离破碎的浏览方式，这种改变一方面是信息过载的无奈之举，另一方面也是大脑神经系统在悄然变化的直接证据。南京大学周宪教授在《时代碎微化及其反思》中提到美国学者海尔斯的一项调研结果，海尔斯着重对加州大学学生的学习认知方式进行了调查研究，研究结果表明：在新媒体环境下成长起来的一代人不再以传统“深度注意力”的认知方式感知世界，而是具有了“超级注意力”这种全新认知方式。

由文字印刷文化培养起来的传统认知方式特点被海尔斯称为“深度注意力”。“深度注意力”的特征是注意力长时间地关注某一事物，忽略外部环境等的影响而完全沉浸其中，对信息流的接收处于单一状态，对持久关注某一事物具有很强耐受力。所谓“超级注意力”，是注意力在纷繁各异的信息中频繁而迅速地转换焦点，喜欢丰富多样的信息流，注意力更容易被高度刺激性的内容所吸引，不能容忍单调、缺少变化的内容。当今的青年人随着社会、技术、文化的迅猛发展，传统“深度注意力”的认知模式被日益打破，“超级注意力”的认知模式变得越来越普及。由此也就解释了越来越多的人热衷于手机媒体或网络上的五花八门的各类海量的碎片化信息，而对于阅读长篇小说或大部分著作的兴致和耐心锐减，这表明他们已经越来越习惯于超级注意力的支配。网络的迅猛发展促使超级注意力的形成，同时超级注意力的心理需求，又让人们花费大量的时间和精力浏览层出不穷的信息，沉溺其中而进一步加重了这种认知体验方式。

在数字阅读时代，一次性阅读成为人们普遍的阅读方式，过多使用电子设备会使我们过快转换信息来源，注意力时间缩短。在海量信息充斥、快餐化的速读时代，人们通常已无耐心从头至尾阅读长篇大论的枯燥无味的文章，人们更倾向于容易理解的可以一目十行的文章。人们的阅读模式也由阅读变为快速浏览，人们在浏览时用手指快速滑动屏幕，眼睛快速扫过屏幕上的内容，转瞬之间一篇文章已浏览完毕。人们经常在一篇较长的公众号文章前看到标注："本文大约6000字，阅读时间大约7分钟。"以此提醒人们这是一篇较长的文章，让阅读的人事先做好心理准备。其实七分钟不长不短，只是刷几个短视频的时间，但是在现代短文盛行、快速浏览的时代，七分钟阅读却似乎需要耐心才能完成。正如美国语言学家内奥米·巴伦在《读屏时代：数字世界里我们阅读的意义》中指出，人们越来越丧失阅读长篇文章的愿望，80%的读者通过标题和图片的浏览获得信息，她认为这对大家深度思考的能力造成了毁灭性打击。因此互联网时代简明读本越来越多，人们热爱简洁，逃避冗长，注意力持续发散，讨厌深度聚焦。随着微媒介的运用越来越普遍，人们出现聚焦障碍，注意力越来越短，很难长时间专注于某件事情。

（三）主体价值观的零散化

当下的很多年轻人，他们的阅读方式已从主要的、传统的书本阅读转变为新型的电子阅读，以智能手机为载体的电子阅读便捷、信息海量，可以随时随地阅读等特点使得其成为年轻人最主要的阅读方式。但电子媒介信息传播的碎片化、浅表化、追求新鲜、博眼球等特点，使得年轻人接触的知识虽然广泛，但是呈现碎片化、支离破碎、不成体系的特点。长此以往，他们通过电子阅读所获得的知识就变得零碎、浅薄、深度缺失，他们对世界的了解、认知也常常停滞于碎片化的资讯中，久而久之，这些年轻人的知识体系、思维方式、看待世界的方式也会是碎片化的。这必将对他们的世界观、人生观和价值观产生影响，因为世界观、人生观、价值观是人们对宇宙、自然、社会的一整套观念、一整套理解，而今天由于知识的碎片化、资讯的零碎化，不少年轻人是通过各种破碎的知识和资讯，“拼凑”起缺少世界观的个人“三观”。因此在日复一日的碎片文化的冲击下，在娱乐至死、消费至上的媒介环境中，他们日益加重内心的空虚和无聊状态，乃至逐渐丧失独立思考的能力，更有甚者还会变成没有思想的“空心人”。在海量讯息的冲击下和媒介洪流的席卷中，生命的意义无所追寻，而是日复一日地重复着对碎片化信息的接收，人们被卷入碎片化信息的大潮无法自拔。尤其是对青少年而言，在碎片化的文化世界里，受不同观念的碰撞和冲击，难以建构起统一的文化价值观，甚至受到不良影响，出现错误的文化价值观。长期沉浸于媒介所营造的虚拟世界里，丧失和现实世界的联系，从而对生命的意义和存在的价值产生怀疑，内心产生四分五裂感、不稳定感、焦虑感、强烈的孤独感和无意义感，继而出现人际交往障碍、人格障碍等精神问题。在新媒介时代成长起来的一代人，大多通过长期的碎片化与浅表式体验来建构对社会、文化的认知及其主体性。美国媒介理论家马克·波斯特指出，电子传播阶段，持续的不稳定性，使自我去中心化、分散化和多元化①。

（四）个人隐私安全焦虑

微媒介时代，数字化、网络化、智能化在极大便利人们生活的同时，也给人们的隐私安全带来极大隐患和困扰。人在大数据时代常常有一种无力感，人成为分析数据、天眼工程、大数据搜集的目标，人无所遁形，在网络世界里“裸奔”。

在移动互联网时代，由“人、机、物”在网络空间组成相互融合的趋势，产生大量数据，这些数据来源于个人和传感器。比如个人用户上网浏览信息痕迹，社交网站上用户信息和评论，传感器数据和监视数据等。截至2022年6月，我国已有10.51亿网民。当网民在各大互

① 〔美〕马克·波斯特．第二媒介时代［M］．范静哗译．南京：南京大学出版社，2005.

联网电商平台、社交平台等产生的行为数据，与在运营商里的身份数据，金融机构里产生的信用数据，以及电子政府系统中产生的政务数据汇聚在一起时，再利用大数据技术分析，就可以形成用户画像。这些大数据在给企业带来信息便利的同时，也为个人隐私安全带来隐患，其表现在“难以确定个人隐私保护的范围，隐私保护哪些敏感数据难以界定、难以认定侵犯个人隐私的行为、个人隐私信息管理困难、个人隐私保护的技术挑战”等多个方面，个人隐私面临容易泄露的严峻形势。

个人隐私信息包括个人身份信息、通讯方式、家庭住址、个人金融信息等等，其中个人金融信息是关系个人财产安全的重要一环。个人金融信息的概念是从隐私权衍生而来，2011 年，央行将个人金融信息保护范围具体划定为身份信息、财产信息、账户信息、信用信息、金融交易信息、衍生信息及其他信息七类。与其他个人信息不同，作为个人隐私信息最重要部分，个人金融信息具有财产权益的特性，通过它可以窥探用户的财力，还可以助力放贷业务风控。科技的介入，极大挖掘了个人数据的价值，用户在享受个性化、贴心服务的同时，个人隐私安全也随之袭来，主体无法不陷入对个人隐私安全的不安与焦虑之中。

隐私泄露造成的危害极大，且内外方面都是影响用户隐私泄露的重要因素。个人隐私泄露的内部因素：有一部分是用户保护隐私的意识薄弱造成的。用户在社交软件发布一些关于个人的敏感信息或分享定位出去都将会泄露自己的隐私，抑或是在一些所谓的网络调查问卷上面填写其隐私信息造成隐私泄露。当前网络上经常出现一些拉票、砍价、测试、游戏等，或者是一些小程序让用户填写问卷并让用户授权日常数据，这个环节就是隐私泄露的开始。如果说用户保护隐私的意识薄弱是不可避免的，那么手握大数据的科技公司对用户隐私数据的保护将是用户隐私的最后一道防线。很多机构不仅隐私保护措施不完善，而且有些机构为了利益违反行业道德出卖用户的隐私信息，这也是为什么经常有骚扰电话的原因。

个人隐私的泄露除用户自身保护意识薄弱之外，还包含外部因素，主要是网络黑客的窃取和病毒木马的攻击。黑客利用其高超的技术手段，越过科技公司设置的防火墙，将盗取的数据倒卖出去或者公之于众以显示其高超的技术。除此之外，相关法律法规还不完善，对不法分子的威慑力还不够，这是隐私泄露案件频发的重要原因之一。

四、主体的多元与流变

微媒介语境中，主体自我的碎片化也意味着交往方式的碎片化，当数字化交往将主体的身体在场方式改造为虚实相间的空间结合体，主体个体的生活世界就更易成为与他人、与社会的交互式关联共同体，其主体性的形成也必然会随之而来，并必然同时表现出明显的正相关特征。

（一）个体化加速主体的碎片化

技术发展无疑为人们基于信息传播基础上的当代社会交往方式提供了充足的动力，并在本质上成为主体在场式交往身份与缺场式交往互动的象征性复合体，为多维时空中的主体提供了充分的交往可能与理想的交往坐标体系，为其个体化的信息传播模式与社会交往效应的建构提供了充分的价值载体与实现路径。这一现实，不仅反映了麦克卢汉关于媒介是人自身延伸的基本规律，而且反映出了媒介技术在延伸人们的感官功能的同时还在拓展主体之维的事实。交往维度的拓展，不仅意味着主体存在所触及的空间广度和深度的延伸，更重要的是主体能够通过虚实相间式的身份存在并进行维度的切换，在高度流动的社会生活背景与交往场景互动之中实现向真正意义上的个体化交往的转化或过渡，进而不断建构出相应的主体交往情境与个体化关联。“信息扩散结构赋予传播主体一种真实身份的维度，并以此建构象征交换意义上的社会交往属性。”①

① 〔美〕约翰·费斯克．解读大众文化［M］．杨全强译．南京：南京大学出版社，2004.

在不断产生的媒介技术革新力量的推动下，主体对于自身交往方式和意义的建构，将逐渐回归其个体性的价值生成本位与个体化的价值呈现特质。从历史的角度来看，任何具体时代场景中的交往语境、环境，物质技术条件都是其发展之基。它们不仅会改变人们社会关系的构成与维系方式，而且会重构每一位社会个体的主体存在方式与交往意义结构。这也意味着，通过个体化的交往关联而建构起来的交往语境，将不断促成技术世界中的主体之维的延伸，促成主体在其交往构成体系中的符号与意义关系的改变，进而不断建构、拓展其主体性的内涵构成与表现方式，体现出在一定的语境结构中的具体交往特征及其社会效应，并直接加速了主体交往方式的碎片化。正如马克·波斯特分析的，就像生产方式对主体自律身份和工具理性的促成或构建那样，信息方式构建了多重的、不稳定的和分散的主体，“信息方式促成了语言的彻底重构，这种重构把主体构建在理性自律个体的模式之外。这种人所熟知的现代主体被信息方式转换成一个多重的、撒播的和去中心化的主体，并被不断地质询为一种不稳定的身份。”①

大数据是促成微传播迅速成长的前提，微传播也是构成大数据的重要基因。在大数据构成的壮阔时代背景与强大传播场域中，主体存在形态的裂变与聚变、整体与碎片、真实与虚拟、自我与他我、个体与群体……一切都可以平等共存，自由切换，在多元混杂的主体呈现、流动、点击与碰撞中建构自身的价值世界、思想行为与生活方式，为其赋予顺应于时代特色的主体性内涵。由技术演变所带来的大量“微传播”方式，是对媒介工具的应用渠道与内容形态进行不断地裂变与再裂变的结果，这些方式体现出多级的、碎片化式的信息传播特点与个体交往特征，成为主体通过交往实践来实现自我建构与价值表达、实现基本交往需求与社会关系认知的新型信息建构方式。可以说，各类“微传播”媒介形式的相继问世与迅速扩散，正是迎合了人们展示

① 〔美〕马克·波斯特．第二媒介时代［M］．范静哗译．南京：南京大学出版社，2005.

自身社会存在感的内在时空逻辑，是人们利用高效技术而对自身主体性进行颠覆与重构的真实写照。凝聚于无数普通人身上的这种时空体验，无疑也是加剧传统线性信息模式的瓦解、促成碎片化交往方式与社会无序流动的重要力量。例如，当今遍布于各类个体化的网络交往工具与社交平台中的主体自我空间创制、头像签名、个性标签、表情工具等，无不是在为其使用主体提供并印证强有力的空间存在效应与“面具”效应，呈现出主体在异彩纷呈的互联世界中的多元身份形象与真实社会角色扮演过程。对此，喻国明等人分析指出，在微博等互联空间中，使用主体往往会将其视为自身与外部世界进行沟通、获取外部世界信息、发展个人关系的平台。因而，他们在虚拟世界以想象的形式获得了在现实世界中所未拥有的东西，并强烈依赖于虚拟世界。人们对虚拟世界的想象和依赖，从根本而言是来源于对现实世界的欲望和期许。

事实上，微媒介已经并且正在进一步碎片化所有主体手中的时间，各类搜索引擎与超级链接正在碎片化人们的知识结构体系，各类社会化的交往平台或工具正在碎片化主体与主体之间的社会交往方式与社会关系结构。技术的发展动能已经并且正在将无数的社会个体纳入一个无限延伸中的社会关系网络，这一进程又直接加速了个体化的主体被碎片化的速度与广度，从更广阔的范围看，碎片化也正在成为主体加速新型的社会交往方式、建构新一轮的社会关系形态的前提条件与重要推动力量，承载着在深广的社会流动大背景中由交往主体的个体化所带来的积极意义。

（二）个体化促成主体的媒介化

无数事例证明，尤其在各类突发性质的新闻事件中，普通个体往往具有成为第一现场的新闻价值提供者的独有优势。微博、微信、抖音等各类传统网络传播与交往平台向手机终端的成功移植与广泛应用，进一步改变了个体在处理信息及表达交往需求时的基本处境，将个体化的主体形态向真正的“随时随地”的技术交往方式推进了一大步，确保了主体性在开放的传播平台上的平等对接与释放。个体所获得的越来越多的信息主动权，已然成为移动互联时代人们建构自身主体性的最为充分与直接的原动力。人们在网络上既可以公开发表自己的观点和意见，也可以在网络匿名性的“帮助下”重拳出击，发表不当言论甚至网络暴力。例如，通过手机，任何一位普通社会个体都可能成为身处新闻现场的第一播报者，成为彰显数字化流媒体的信息优势与个性化传播的参与者与推动者。同时，随着个体所传信息的被关注、被评论或被转发，这种个体的传播行为所产生的社会影响或价值意义便有可能被迅速扩散并放大，进而推动更多的社会个体以类似的方式来适应、参与、建构更为快速便捷与多元个性化的信息交往方式。微传播时代的到来，在使人们的几乎所有日常信息传播方式被各种微型技术工具分割、分裂、碎片化的同时，也在大连接、大数据、大融合的背景下不断走向跨界与聚合，在无限延伸的信息存储与流动空间中实现个体对自身交往需求的聚合与离散。搜索、共享、分享、转发、关注、点赞等，一切的交往与交流都在个体随意随性的碎片式存在中得以发生与发展，形成微交往在大传播语境中的多元互动与多向扩散，在个体信息交流方式的裂变与聚合效应中不断循环交替，形成微传播与个体化主体之间日渐紧密的关联关系，这也意味着真正个体化的传播工具，正在把以往只有公众媒体才拥有的社会影响力转移到普通社会个体的手中，并借此使得人人都可以成为大数据时代的信息参与者，个体自身也在这一进程中获得了越来越多的媒介特性与功能，成为真正意义上的“媒体”。

同时，自媒体数量的扩散，将会形成广阔而有效的社会公共话语系统，并通过基于大连接、大数据的个体化效应而为主体打开更为广阔的演化维度，使人们越来越多的日常行为都随着数字化交往方式而实现向自身理想化目标的过渡。例如大量移动型社交媒体的兴起，显然是对传统移动通信工具基本功能的超越，它们使得人们开始以随时随地的信息交流方式来真正区别于传统电信所建构的即时通信模式，这也必然拓宽主体通过信息方式而建构交往意义的基本途径。交往行为的进一步数字化，无疑将使得这一公共空间在信息扩散、主体参与等方面都显示出无与伦比的优势。

当下，基于微媒介的交往工具极大地扩展了主体的人际传播功能，在真实体现“媒介是人体的延伸”这一命题的基础上，也在不断强化基于网络的移动通信工具成为其使用主体之身体组成部分，并在日益改造主体身体存在方式的特征。随着技术对人们在日常交往活动中进行互联互动模式的普及，人们借以维系正常的信息沟通与社会交往的主要途径也正在日益被工具化，并被逐渐置换成基于各类互联技术方式的新型交往媒体平台，因此其沟通交流与交往表达的符号系统也正在被赋予越来越明显的“自媒体”属性。从维系交往的语义系统来看，微媒介的兴起，无疑是对人们参与社会表达体系方式的一次空前强化，它在拓展人们作为交往主体的个体化特征的同时，也在拓展主体自我在交往平台体系中的主观能动性与话语表达能力，在虚拟与真实的维度效应中不断体现出主体经由交往平台而传达出的行为意义，这也必然成为其凝聚于话语表达方式体系中的最善于使用且最有现实表现力的主体性建构途径与表达手段。

（三）个体化提升主体的高维化

在数字化交往中主体身份所拥有的多元性，必然传导、表现为主体在交往行为中所具有的相对强势的自主性、独立性和个体性，数字交往情境中的主体自我不仅是赛博空间中的真实存在，而且也是现实生活世界中的虚拟存在，是互联时空中与他人主体及他人自我共生共存的互动共同体，虚拟与现实的切换也是维系并体现这种互动关联的具体表现方式。这也意味着，在数字交往情境下，人们的主体性不仅会受到个体化的技术方式的影响，也会直接受制于主体个体化的交往意向与现实能动能力范围的影响，同时也会更易受到来自这一交互共同体中的各类流动元素的影响，形成主体在他人和社会、虚拟与现实、个体与自我之间的转换与流变。在无限延伸的数字化空间世界中，无数的普通交往个体的主体地位得到了自然而然的确立，人们无须再经由对更多的传播媒介的利用来获得表达自我的机会，也无须通过创造性的努力才能获得更多的便捷交往方式，因为越来越个体化的交往工具已经让人们的基本交往需求、个性化的交往表达愿望与自身变得如影随形。人们在数字空间世界中的主体地位的获得与释放，也包括了一切可以或需要利用的自我精神世界与社会现实的影响因素，在高维化的时空流动与主体自我世界的相互碰撞与交织中，人们的数字化身份也在不断地强化，经由手中越来越强大的数字交往工具与平台，在越来越界面化的、空间化的交往实践方式中建构起越来越普遍的社会化交互性，这种数字身份的强化过程也必然使得人们获得并强化建立在虚实交互的界面上的主体性越来越成为现实的可能，并在不断延续的交往实践过程中获得无限的想象和成长。

李泽厚先生在论及现代人的个体与自我关系发展时曾指出，历史发展到今天，个体权益特别是今后如何实现和发展个体所独具的潜能、才智、性格，已成为人之为人的所在，即今日成为人，也就是成为一个“自己”。在数字交往技术工具为人们实现自身的社会个体化、能够建构和维护自身超越时空的社会关系形态而服务的同时，人们也在更易处于不稳定的、碎片化的社会互动关联中形成对于主体性的颠覆与重构。数字媒介工具对人们个体化程度的提升，必然首先反映于普通交往主体的自我存在方式及其社会互动关系体当中，主体的自我建构，也必然首先体现为个体化的自我心灵层面，并通过具体的、真实可感而又处于虚拟变幻中的自我存在来参与社会互动。因而，日益工具化、个体化的数字媒介及其所维系的信息方式，必然升华为人们在现实交往活动中用以维系自身主体性的基础。主体性的内涵得到延伸，也表现为人们对于自我信息的生产方式的自由表达、对于自我关联的交往方式的自由运用，以及对于自我认知意义的自然释放，并逐步建构起能够真正体现以自我为中心的主体价值与社会互动意义。基于此，主体之存在也自然会体现出明显的社会圈层化特征，并使所有交往主体都具有了进行文本意义生产与社会互动建构的机会与能力，以及基于普遍平等的语义表达机制之上的主体性及其意义建构。

在微媒介交往语境中，作为“人体的延伸”的媒介，其本质也正在逐渐转化为与其使用主体如影随形的一部分，不仅体现为主体自身对于社会交往的表达工具与基本方式，而且也体现为主体自身表达社会存在感、体现自身媒介化在场的基本途径与话语模式，媒介在延伸自己的同时也在表达并揭示自己，从而实现主体通过一定的信息交往行为来达成自身感性解放的方式与技术化身份在场与缺场之间的转换式修辞语义场景。也正是从这个意义上来说，当下以手机为代表的新型个体化媒体，在颠覆其使用主体原有的社会交往方式与生活时空的同时，也在重构主体自身完成媒介化转换的历史进程及其社会效应。当主体的交往活动越来越多地依赖于自我型的个体化媒介时，对于主体而言，其交往语义系统与技术方式所共同建构与表达的现实社会生活，已不再局限于现实面对面交往时空的某一点，而是，现实社会交往中具有主动选择权力与自我理性精神的决策主体，其具有与手中的数字化媒介一样的个性化功能与个体化特征。

第四章　文化生产方式的变迁与重构

三次工业革命的顺利完成推动了人类社会近代生产方式的变革。第一次工业革命促使人类从漫长的农耕文明进入以蒸汽机为代表的工业文明。英国作为第一次工业革命的主角盛极一时。第一次工业革命发生的时候出现了工厂，出现了以工人为主的工人阶级，机械化劳动代替了手工劳动，极大地促进了生产力的发展，生产方式也超越农耕文明进入到工业文明时代。第二次工业革命，电力和内燃机开始被广泛应用，世界由“蒸汽时代”进入“电气时代”。这一次的主角是美国和德国，两者逐渐反超英国，尤其是德国，在欧洲的地位越来越高，最终威胁到了英国这个日不落帝国。第三次工业革命大约始于20世纪50年代，标志是计算机的发明、信息化和通信产业的变革。世界进入了“信息时代”，这次的引领者是美国。在第三次工业革命的时候，其主要的技术创新是信息化的应用，对于第三次工业革命的生产关系改变，信息工作者的出现，可以作为第三次工业革命生产关系改变的代表。继蒸汽时代、电气时代、信息时代三大工业革命之后，人类社会正在迈向第四次工业革命。当今世界的第四次工业革命已经开始，2013年德国政府推出工业4.0高科技战略计划，旨在提升制造业的智能化水平，建设智慧工厂，2013年德国汉诺威国际工业博览会展出了以全球领先的工业自动化、新能源、数字工厂等为标志的数字化、智能化的工业生产方式和产品，昭示着新一轮工业革命将以智能制造为核心，这必将带来传统产业生产方式的进一步数字化、智能化转型与升级。

一、技术驱动下的传统生产方式变革

经过互联网新技术、新应用的深度融合改造，将形成一个以智能工厂为载体，以互联网为驱动的新产品、新模式、新业态，以及以信息数据流为核心驱动，各生产要素之间无缝衔接的智能制造生态系统。可以预见工业智能化、制造业服务化、个性化定制、组织分散化、制造资源的云化，将成为互联网新技术、新应用推动制造业发展动力变革的重要方向，生产方式将发生数字化转型，向智能化、集成化、柔性化转变。

（一）生产方式智能化

生产方式智能化首先表现为生产的高度自动化和数字化。数字化时代的生产方式使社会生产力的构成要素发生改变，生产过程的自动化程度也随之提高，劳动者的智能因素同时获得提升，脑力劳动的比例与体力劳动相比大大提高，从而使劳动力结构朝着智能化方向发展。

数字化时代是培养发展以计算机为主的、以智能化工具为代表的新生产力，并对社会产生积极影响的历史过程，因此数字化离不开智能化工具。工具是人的肢体的延伸和发展，数字化时代智能工具的产生，不仅是延伸了人们的肢体，还扩大了人们智力的作用范围，鼠标、键盘、拇指之间点击代替了过去繁重的劳动。在实现了信息化管理、智能化调度的场所，较之过去其人员精简，工作效率明显提升。

生产方式智能化其次表现为生产的高度信息化。生产方式的高度信息化是国际制造业发展的大趋势，世界制造业正朝着全球化、集群化、信息化和服务化方向发展。高度信息化就是充分运用现代先进的信息化管理系统，对生产进行全方位改造，其中包括企业计算机内网的建立以及内外网络的互相联结；充分利用 IT 技术的软件系统、高度融合先进管理思想；企业的各种生产经营活动高度网络化、数字化、电子化和自动化。大数据的应用也直接决定着企业的运营环节：配送站点和自提点的开放是否能全面覆盖某一个街区，整个物流链的成本能否降低、效率能否提升等，而强大的数据积累也直接影响到企业高层的决策。

生产方式智能化表现为生产的高度网络化。高度网络化特征是互联网技术在传统产业制造领域发展应用的结果。互联网在生产制造领域的高度网络化应用，将会极大促进生产力的提高和发展。

（二）生产方式集成化

两次工业革命使生产技术得到了大幅度的提升，人类生产能力大幅提高，世界市场联系更加紧密，社会生产和分工再不是以一个狭小地区内的职业分工为标志，而变成世界范围内地区间的分工，人类生产的相互依赖性和互补性增强，世界市场的联系也变得更加紧密和便利。股份公司的广泛流行标志着资本主义生产组织形式的重大变革，它极大地促进了科技的进步与创新，同时也扩大世界市场对人类的影响力。

“云制造产业集群生态”正是一种线上线下相结合的产业集群生态，其以云端企业的共同进化、协同发展为目标，可以突破时间、空间限制，满足企业泛在的商业连接终极需求。

纵向集成一般发生在工厂的车间，属于工厂的内部集成。如同经济学家威廉·拉佐尼克在《车间的竞争优势》一书中所言，迄今为止的三次工业革命，皆是从车间的技术革新开始的。发展到工业 4.0 时代，车间的革命继续发生，由于网络化对生产价值体系的影响，产生的新型工业价值生态使生产力得以释放。另外除了车间内部革命，网络化还将为产业链的信息集成提供便利。企业可以借助智能工厂的优势进一步将产业价值链延伸到渠道服务中去，一方面可以通过互联网直接提供电子商务服务，另一方面结合智能工厂自身的能力，企业还可以通过提供应用商店等方式，进一步扩展产品的增值服务范围。

端到端集成模式分为两种：一种是面向企业，面向企业的端到端集成模式主要体现为制造业服务化，当前主要体现在预测性维护等增值服务方面；另一种是面向消费者，面向消费者的端到端集成模式主要体现在产品大规模定制和增值服务方面，对于面向消费者的产品，主要是满足大多数消费者对产品的个性化需求，通过提供差异化的产品及个性化的服务，从而能够在市场的激烈竞争中得到更多的优势地位。

横向集成是不同行业形成的产业链的交互集成方式。当网络化延伸到多个行业，形成多个行业之间彼此分工合作，多个行业如果依托互联网拥有一定的标准化的数据和信息，将可以使不同行业代表的产业链产生交织，从而形成横向集成的模式，最终促成新工业价值生态的形成。从价值创造的角度看，横向集成所产生的新工业价值生态更具有颠覆性，因为它打破了传统产业的边界，使不同产业形成产业链互联，这既是横向集成的优势，也是互联网技术给人类社会带来的巨大价值。

（三）生产方式柔性化

随着互联网的蓬勃发展，社会已进入以消费为主导的微媒介时代。微媒介时代是以市场需求和消费为主导的生产时代，消费者的需求和喜好是决定生产的最关键因素，这促使传统产业的生产方式逐渐发生转型，同时大数据、移动互联网、微媒介的蓬勃发展为以消费者主导的生产提供了物质和技术条件，因此柔性化生产成为互联网时代生产方式顺应市场需求转型的重要方向。所谓柔性化生产是指：生产企业可以根据客户订单和市场需求进行生产，在品质、交期、成本保持一致的条件下，生产线在大批量生产和小批量生产之间任意切换。柔性化生产以消费者的需求为导向，它是为了适应当下市场需求的多变性和市场竞争的激烈性，在以柔性制造为基础的前提下，强调按需生产的市场导向型的生产方式，其目的是在于增强企业对市场需求的灵活应变能力，调整和缩短产品的生产周期，提高生产设备的利用率和劳动生产率，完善产品质量，柔性化生产是一种适应市场需求、拥有强大生命力的新型生产模式。柔性化生产之所以成为制造业企业的核心竞争力，主要在于制造业企业的产能可以根据市场的实际需求变化实现弹性释放。

柔性化生产的内涵实质表现在虚拟生产和拟实生产两个方面。虚拟生产是指企业面对市场环境与需求的瞬息万变，要作出敏锐、及时、正确的反应。然而当今社会产品类型越来越复杂、消费者个性化需求越来越高，企业很难快速、经济地制造全部产品，因此建立虚拟组织机构、实现虚拟生产成为保证企业效率和利益最大化的前提。拟实生产也就是运用仿真、建模、虚拟现实等技术，利用三维可视环境，虚拟真实产品的开发，对产品设计创意、产品研发到生产制造的整个过程进行模拟，由此可以实现实体产品在投入生产制造以前，就能准确预估产品的功能，了解产品生产的工艺性，掌握产品实现方法，从而减少产品生产的不必要投入、降低产品开发、生产、制造成本。柔性化生产的优势在于通过实现弹性生产，提高企业的生产应变能力，从而可以根据用户需求灵活生产。

每个消费者需求和喜好是不同的。传统时代由于技术问题缺乏表达的平台和渠道，随着技术的发展以及互联网技术崛起，为所有消费者创建了一个可以自由表达需求的平台和渠道，使得每个个体的独特经验可以分享在网络上，这就是互联网的革命性意义。同时互联网平台的开放性、便捷性能使消费者的需求和体验很容易被生产者所收集和掌握，生产者再根据消费者的需求、意愿与喜好生产相对应的产品，使消费者的意愿表达及时转换为经验现实。

生产企业利用智能化的生产系统根据市场需求可以生产出差异化产品，以重排、重复利用和更新系统组态或子系统的方式，实现快速调试以及制造，具有很强的包容性、灵活性以及突出的生产能力。另外全球化分工使生产要素加速流动和配置，市场风向变化和产品个性化的需求对企业反应时间和柔性化能力提出前所未有的要求。工业革命以来，特别是第二次工业革命以来出现的专业化分工以及流水线，导致无差异化的工厂越来越突出，智能工厂的标准化和网络化，把无差异化发挥到极致。大数据、智能化时代将出现互动式定制工厂，实现用户深度参与设计制造自己专属产品的功能。

传统产业的生产方式转型体现出生产力和生产关系的变革，生产力与生产关系及经济基础与上层建筑关系的调整和变化，促使文化生产方式发生改变，推动了文化存在方式、文化传播方式和文化消费方式的变化和发展。当社会由工业文明的市场经济形态向信息文明的智能化、数字化形态转型时，依托工业文明化的生产方式必然向依托于数字文明的文化生产方式转型。

二、新媒介驱动下文化生产方式的重塑

文化生产方式是文化生产力和文化生产关系的有机统一，是人类精神创造性活动方式，是文化生产过程中文化的生产者、消费者、文化产品、传播者、传播载体、文化生产的活动过程和手段等多种因素的相互关系及其矛盾运动的统一体。马克思认为，人类文化作为社会存在的反映，是特定时代人类物质生产活动的精神体现，它是一种特殊性的生产活动，即精神生产活动，形成了特殊的生产方式。

文化生产方式的变革和媒介的发展密不可分，传播媒介不仅是文化生产与传播的工具，同时它还决定了文化类型、风格以及作用于社会现实的方式和范围。尼尔·波兹曼说“深入一种文化的最有效途径是了解这种文化中用于会话的工具”①，文化是语言的产物，但是每一种媒介都会对它进行再创造。每一次媒介的发展都成为推动文化变革的生产力，带来文化的生产、交换、分配、消费等生产关系的变革。媒介技术的发展带来新型文化生产方式和文化形态的演变和发展。大众文化的崛起就是典型代表，它正是凭借现代大众传媒技术和现代信息技术的塑造和支撑，依靠科学技术手段大规模复制、传播文化产品。霍克海默和阿多诺在《启蒙的辩证法》中将大众文化称为“文化产业”，它是依托文化工业和大众传媒技术而形成发展起来的，供大众进行消费的商业性文化或商品性文化。大众文化一方面表现为文化生产方式和存在方式的根本性变革，另一方面也带来人的生存方式的变革。

随着互联网的发展，多样态的数字文化生产蓬勃兴起，出现了诸如自媒体文化等各种数字时代的文化现象；维基百科等社会化的知识生产形态；微博、微信、豆瓣等社会媒体以及以综合性网站为代表的信息网络。这些文化现象涉及的文化生产反映了数字时代文化生产主体的变化、文化消费与生产的变迁和文化传播方式的转变。数字文化生产方式呈现出来的新特性，表现为数字网络环境下文化生产的碎微化、文

① 〔美〕尼尔·波兹曼. 娱乐至死［M］. 章艳译. 北京：中信出版社，2015.

化生产的参与性与互动性、文化生产与消费的共生性、文化生产的共享性和草根性以及文化生产的个性化特征。

（一）文化生产的碎微化

随着微媒介的兴起和广泛应用，以微媒介为传播途径的数字文化生产逐渐呈现出碎片化、微型化的特征。碎片化曾被概括为后现代主义的典型特征，詹姆逊在描述后现代主义文化时，用碎片化、零散化、缺少连贯性、拼贴化、深度的消失等来定义后现代主义文化①，他将后现代主义化视为一种看待世界的态度和方式。本雅明也曾对现代社会的碎片化进行过描述，在他的《单向街》中，也将其视为“一种超现实主义的思考方式”。他认为人类所具有的有机性、连续性、完整性被完全击碎了，剩下的只是残破、废墟、混乱，在“总体性”与“碎片性”之间乱与无序。而且这种碎片状态是无法修复的，人们所能做的只是在碎片当中寻求某种灵验之光，进而窥探和体验本真状态。在后现代主义时期，碎片化更多表现为一种态度、一种思维方式或一种有意为之的策略。如布洛赫的《踪迹》、本雅明的《单向街》、阿多诺的《最低限度的道德》等著作都是以格言、警句和小故事组成的哲学文本作为后现代主义的宣言，这些文本群标识出来的“碎片化”写作策略，是某种意义上的哲学革命。

进入微媒介时期，碎片化的表现与含义已远远超越后现代主义文化时期，从主观精神世界转为了客观实际存在，不再是文化创作者主观态度与思维方式的体现，而是“一个更加逻辑的概念”，它揭示了一种更加新的文化形态及其内在发展逻辑。微媒介重塑一种新的文化形态——微文化，微文化在生产的过程中，消解着整体性和宏大叙事，日益呈现出碎微化的特征。它顺应微媒介的特性和发展趋势，全面地进入到人们的生活空间，成为一种不以主观意志为转移的客观事实。后

① 〔美〕弗雷德里克·詹姆逊．文化转向［M］．胡亚敏等译．北京：中国社会科学出版社，2000.

现代主义时期的碎片化更多是一种文化的形式和文化风格的体现，微媒介时代文化的碎片化更碎微、更彻底、更日常化，对人们的影响更加潜移默化和深远。

文化生产方式是一个包含文化生产、文化传播、文化消费整个过程的文化生产系统。“微文化”生产方式的碎微化特征首先从文化生产角度看，体现为文化创作的碎微化。微媒介的文化创作以“微”著称，在于其篇幅短小精悍、阅读时间有限，从而拒绝宏大叙事，而以微小叙事呈现。如微博的一条发文有 140 字限制，这就决定了微博只能用简练的文字对所表述的内容进行精确简练的描述；微信语音每条 60 秒，每条 60 秒的时间限制也决定了语音内容无法整段长篇讲述，微信的文字因其即时沟通的特点，也更适合短信息的即时发送，它更注重人与人之间你一言、我一语的文字互动交流，使阅读者更容易抓住重点，而不适合长篇大论；微视频相较于传统视频的长篇幅，通常只有几十秒或几分钟的时长，适合现如今的快节奏时代；微信朋友圈发的内容，通常都很精炼；微信公众号上的文章，为适应读者的快速浏览，常常大量用分切的短句结构。微博、微信、微视频的“微”形态本身就带有微小、片段、不连续、碎微化的特征，短小精悍、内容新颖、重点突出的信息成为当下受众的需求，因此微媒介时代传播者的首要任务就是能够以最简要的方式向受众传播他们需要的信息，并且要让他们迅速掌握并理解信息的重点内容。为适应微媒介时代的微阅读和消费者关注持续时间缩短这一特点，内容生产者在文字内容生产上，缩短文章篇幅，引入短小精悍的内容提要，文中穿插醒目的提示和简介，引入更多的摘要和辅助导航手段，以适应读者快速浏览的阅读习惯，帮助读者更轻松地阅读。视频的生产也进入到微视频创作阶段，为适应微媒介时代观众对短小精悍的视频内容的需求，影视作品被分割成一个个短小的片段在网上发布，甚至截取出最精彩的片段发布到网上，以供观看者短时观看。当下主流媒体也顺应微时代的媒介发展特点，创作微视频作品以加强意识形态宣传，如中央电视台制作的微视频《初心》，将内容制作成每个 3 ～ 5 分钟的视频片段投放到网络上，以满足观众短时快速观赏的需求，全网转发量达到12亿。同样，网上投放的音乐专辑也被分割开来，甚至一首歌曲可以分成几段，包装成手机铃声或嵌入视频游戏，这种对内容的分割或者“分类计价”花样繁多，层出不穷。微视频（短视频）发布的平台“抖音”“快手”的快速崛起，正是适应了微媒介时代人们对短小精悍的视频影像的需求，这些微视频平台上散落着不计其数的微视频，段子、图片、短视频、140字以内的短文、心灵鸡汤、名言警句，“微”文化内容生产的变革，加剧了“微”文化的碎微化特征，同时也消解了传统媒介文化生产的完整性、连续性和宏大叙事的模式。

其次，从文化传播对象角度看，体现为受众的“碎片化”，受众的“碎片化”实际指的是受众的细分程度，区别于传统媒介自上而下，以一对多的传播模式。微媒介时期更强调传播的个性化和受众的细分化，针对受众群体不同的特点，精准投放信息，即受众类别细分化、需求个性化、信息投放的精准化的“小众”型传播方式，信息到达率高。受众的分化形成了许许多多受传者群落的“碎片”，每一细分的个性化群落有其特定的特征，以及每一位单一消费者有其独特的个性和心理需求。微信朋友圈、微信公众号对每一个粉丝进行推送，用户点击公众号即可查看，信息到达率高。微信朋友圈、公众号的分类传播，精准推送提高了信息的读取率。

再次，传播的途径和影响力具体体现为微文化的途径日益多元化。当下微文化的传播平台众多，且形式各异，以往依靠某一个（类）媒介的强势覆盖而“号令天下”的时代已经一去不复返了。一方面是传统媒介传播市场的份额在不断收缩，其话语权威和传播效能在不断降低；另一方面则是微媒介（如微信、微博、微视频、新闻客户端等）的勃兴与活跃、传播通路的激增、海量信息的堆积以及表达意见的莫衷一是。微信公众号层出不穷的手段，快手、抖音、微博等微媒介的账号作为传播信息源的海量汇聚，各种客户端、App的不断产生，使得当下文化传播的途径迥异于传统传播媒介，这便是现阶段传播媒介构建所面对的传播途径多元化的社会语境。

最后是文化传播内容类型的“碎微化”。微媒介时代的文化传播已经不适合用传统的文化类型去界定，传播的内容也更加丰富多样，上至国际政治、国内时事，下至日常生活的柴米油盐，天文地理、政治财经、旅游消费、保健养生、娱乐休闲、职场精英等，类型各异，包罗万象，受众每天根据自己的需求和喜好接触想要的信息。这些信息的接受既带有自主选择性，也带有偶然随机性。

21世纪的今天是信息爆炸的时代，每天接触海量的讯息日益成为现代生活的常态，人们借助手机、电子阅读器等终端浏览信息、获取知识越来越便捷，有时来不及细细品味、深入思考，更多是走马观花式的浏览，由此也催生了文化的快餐化，“3分钟带你读完一本书”“10分钟看完一部电影”“5分钟带你了解历史”，文化知识被压缩打包发送，当信息的获取越来越便捷，当每天触手可及的海量信息等着人们去浏览，文化的碎微化就会成为必然结果。

（二）文化生产与消费的共生

关于生产与消费的关系，马克思在《经济学手稿（1857—1858年）》导言中基于唯物辩证法对二者的辩证关系进行了系统的论述，马克思认为生产是驱动社会发展的内在驱动力，生产创造和决定消费，同时消费对生产有巨大的反作用，生产与消费遵循的是商品的使用价值和交换价值。波德里亚继承了马克思的批判精神，不过他的生产消费理论是基于消费社会崛起的背景提出的，他把生产逻辑改换成了消费逻辑。他认为消费决定生产，消费逻辑一方面决定生产的物品，另一方面也支配着文化、原欲与社会人际关系，人们的消费行为并不一定是有真正消费的需求，而是对物背后所代表的符号有欲望和冲动，人们消费的不是物品本身，而是物品所代表的符号性，因此波德里亚认为消费社会生产与消费遵循的是商品的符号价值。无论是马克思的生产逻辑还是波德里亚的消费逻辑，总体而言，生产与消费都是整个社会生产与再生产过程中的不同的两个环节，是两个相互分离的过程。

传统的文化生产遵循的也是生产和消费分离的二元理论，无论是文学、广播、电影、电视，都首先由生产者创作作品，然后通过大众传媒媒介进行传播，读者或观众作为消费者是文化生产、传播、交换、消费的最后一环，文化产品生产出来之后，要经过一系列环节，最后交到消费者手上，消费者只是被动的接受者。而进入微媒介时代，文化生产和消费发生了巨大改变，生产者与消费者从二元对立，走向合二为一。相对于传统的传者与受者分离，微媒介时代生产与消费呈现一体化、共生性特征，即生产者同时也可以是消费者，每个人都可以参与到媒介内容的生产和消费之中。普通观众放弃他们作为大众传播对象的“工业化”或被动地位，转而恢复到他们最初的主动“沟通者”的角色，他们成为了传达意义的源头而不是终点。在微媒介时代，人人皆是生产者，人人都可以成为消费者。

生产与消费的共生性与同一性体现在每一个用户都是创作者，同时用户的每一次浏览、转发、点赞都是消费的过程，用户就是媒介信息的生产者与提供者，同时也分享和消费着其他用户生产的信息。信息不再是少数人生产、少数人消费或少数人生产、多数人消费的传统精英媒体时代或大众媒体时代的生产、消费、传播模式，相反，信息消费者转变为生产者，大多人生产，大多数人消费，所有人面向所有人进行传播。这些个体既是信息的生成者也是接受者，既是信息的创作者也是阅读者。

在数字文化时代，除了文化生产与消费共生外，文化生产与消费的共享性也呈现了出来。在传统文化环境中，由于信息来源的不同，每个人拥有的知识存在差异，而且由于主观与客观条件的限制，知识的流动性不强，所以精英知识分子与基层大众的信息知识接受之间存在着差距。数字时代已经打破了过去少数人对信息和知识的垄断，使每个人都可以通过网络获取、共享信息和知识，网络的开放性和信息的海量性，不仅为全体公众获取信息和知识提供了平等的平台，同时也为信息和知识的大范围快速传播共享提供了条件。微媒介是以社交为目的而建立起来的，它是人们交流、信息传递的平台。微信、微博旨在便捷人与人之间的交流沟通，使信息的传递更加迅捷。微信群、微博或微信朋友圈既有社群的性质，也是信息共享的群落，这些部落有较强信息共享性和认同紧密性，微媒介的社交化属性促使新的超越地理空间的虚拟部落的形成，他们可能生活在不同的地方，不在共同的空间位置，只因同属于一个微信群或同属于一个朋友圈里，或者同时关注了某个公众号或者微博账号，他们就共同成为这个部落的成员，人们把认为重要的、有价值的信息和知识发送到自己所属的微信群或自己的朋友圈内，以此达到信息与知识的共享。同时每个人都有不同群落，人们将信息或知识在不同群落之间转发，便实现了信息的大范围裂变式传播。很多时候人们不用主动到网络上自己搜索和寻找，重要的讯息和内容便会在微信朋友圈、公众号、微信群中快速传播开来。微博的公开性传播、微信群的组群性、微信的朋友圈、公众号等的转发，都带来了文化的多元与共享，为文化的共振和共享提供环境。

微媒介是社会化媒介，微媒介具备由信息源向一定数量的受众传递信息的特性，说它社会化，一方面是因为它的内容可以由任何社会化的个人自由创建，另一方面是因为它的传播是依赖人与人之间的社交关系网络完成的。无论何时何地，可以让使用者随时随地即时沟通和交换信息，微媒介的信息传播具有及时性、便捷性和裂变性传播等特点，和传统交流工具不同的是，除私信、私聊等通讯交流功能之外，微信朋友群、公众号的转发带有圈层性和社群性的性质，微博、微视频的转发等则带有公开性，如果开放对象没有特别设置，则是面向全网开放。无线网络的全覆盖范围，进一步降低了微媒介的沟通成本，使信息的传播更为快捷方便和广泛。微媒介依托网络技术，可以超越时间和空间的距离，实现点到点的实时信息传递，将信息采集、发布、反馈一体化，可以实现信息采集后的即时发布和实时反馈，信息传播和接受不受时间、空间的限制。手机作为携带便捷的信息载体，通过微信、通话、链接或转载等方式，更是加速了信息的大范围传播，将传统信息传播滞后的效应降低到最小，微信、微博的一键转发功能使传播极为便捷，通过手机这种载体，全民记者、草根评论、关注、点赞、分享、评论等成为一种风尚，传播个体具有极大的自主选择权，信息传播的开放性也越来越活跃。

在网络社交浪潮的推波助澜下，微媒介对文化内容的海量传播，使得网络阅读成为普遍现象，同时也使传统体现为个人化的阅读行为逐渐显露出更多的社会化取向。人们基于自身的文化偏好加入不同的微信群，关注不同的微信公众号，在微信群或公众号的链路中完成搜索、获取、阅读、评论及交流的整个过程。微信公众号10万以上的阅读量，代表着热门文章的广泛社会化阅读量。放眼当下，这种以读者为中心，强调文本个性化与互动社群化的社会化阅读模式正成为阅读发展的新趋势。在分众化和去中心化传播时代，每个个体都是社会创新网络中的一个节点，借助网络建立关系维系，个体力量凝聚成集体力量，实现文化创新与共享集聚。借助强大的社会穿透力和情绪感染力，通过激活关系、激发能力，微媒介成为人与人情感沟通、文化承续的全新活动空间，由单一的用户分享，发展到小规模群体共享，再到网络大规模社群共创，微媒介不断社会化，创造出一个广泛参与、包容透明、自下而上、协作共创的文化空间。

（三）数字文化生产的参与互动性

微媒介时代数字文化生产的最大特点表现为文化生产的参与性和互动性。数字文化的参与性首先表现在它是一种草根参与的文化。随着数字技术和微媒介的迅猛发展，技术、媒介与人的黏合及互动关系愈来愈强，人们利用日益便捷的技术和媒介持续参与到文化的生产之中，每个普通个体、平民草根都不再是精英文化时代的被动接受者和旁观者，而是成为了身临其境的参与者、体验者和生产者，每个人都可以在自己的微媒介上发表观点、创作内容，并由个人制作、上传。微媒介时代使得社会个体的角色发生了转变，使普通大众、平民草根拥有了参与文化生产的权利，使得数字时代的微文化成为一种祛魅的平民文化和去精英化的草根文化。普通大众可以通过微博、微信、抖音、快手、维基、博客、播客、优酷等微媒介平台，平等地参与到文化内容的原创性生产之中，它为所有人提供了展示自我、表达自我、张扬自我的平台。与传统文化生产主体往往要求具有权威性、掌握话语权、拥有良好表达能力、思考能力的特点相比，微媒介文化因其媒介属性，大幅度降低了文化内容生产和发布的门槛，大众前所未有的被卷入到微媒介内容的制作之中，微文化脱离了文化的精英性，降低了文化的专业门槛，用户发的每一条微博、每一条微信、每一个短视频都是在进行内容生产，每一个普通大众都可以成为文化生产的主体。短视频的走红首先是源于微媒介的媒介属性与传统媒介不同，它的参与制作准入门槛较低，为所有普通大众提供了可以参与的平台，使普通人更容易参与文化内容的生产和传播。其次微媒介平台的社交属性，使得优秀的草根文化易于被人们一键转发和大范围传播，加速了文化的传播过程。

普通大众参与微内容生产的形式是多种多样的，但归其类别，主要包括:第一，用户原创的微内容生产，比如发表在微博、微信、公众号、抖音、快手、头条、优酷等网站的文章、原创音乐、网络原创视频等;第二，用户补充的微内容生产，比如“维基百科”，它与传统文化生产最大的不同在于它充分地利用了网络资源，它不是由一个人完成，而是由全社会共同完成，其内容可以随时修改和补充，可以进行有机地重新排列组合;第三，用户行为的微内容生产，比如用户的点击行为、评价行为等都可以成为文化生产的数据信息而被收集，从而为文化内容生产提供依据。

数字文化在微媒介时代的参与性与互动性的第二个表现形式是网络话语在微媒介平台的自由狂欢。巴赫金的“狂欢”理论认为狂欢化是一种“无等级”“宣泄性”“大众性”“颠覆性”“去中心化”的“广场文化”，人们不分尊卑贵贱、不分男女老幼，都可以在广场之上休息、聊天、狂欢，体现出人与人之间的平等权利。网络空间就是这样一个广阔的“广场”，它具有无中心性、互动性、开放性、去等级化等特点，无论是普通还是政要，无论是长者还是小辈，无论是智者还是庸者，网民在网络之上都是平等的，都可以平等交流，在网络的虚拟空间，互联网为大众提供了平等的权利，使他们拥有了独立发言的权利，公众拥有了平等、自由的言论权利，微媒介能最大效度地体现每一个个体的自由意志，使他们可以随时讨论自己感兴趣的话题，并就一些社会热点问题发表自己的观点。无论是独特见解还是陈词滥调，无论是主流话语还是个人异议，都无关紧要。微媒介时代，每个人都可以通过微媒介渠道发出自己的声音，这是一个嘈杂的世界，是一个尊重个性、提升自我的世界。微媒介时代满足了人们沟通表达的欲望，实现了网络世界的“广场嘉年华”。2020 年，肺炎疫情发生时，人们都待在家中，微博、微信等微媒介平台就成了大众发表自己声音和意见的重要渠道。

数字文化的参与式也体现在媒体文化贡献给大众更大的自主性，文化产品的创作、生产与传播从以精英化创作为中心，转化为以媒体文化创作为中心，总之，由于媒体的核心是基于信息的独立提供与平等分享，每一个人都是信息的来源，每个人都可以成为信息的主人，每一个人都是信息传播的自媒体。“个人化媒体”“自媒体”的蓬勃兴起成为微媒介时代草根进行创作和发表言论的重要阵地。随着自媒体的兴起，它催生了个体的创造力，为个体的自我表达提供了广阔的舞台，个体一跃成为信息生产、制作、传播的主体，其已然成为互联网时代的新趋势。

微媒介时代文化生产方式的参与互动性还体现在从被动文化消费与传播向主动的文化消费与传播转变，从单向的文化传播向双向的互动传播转变。“弹幕”文化是微媒介时代公众与数字文化参与互动的重要表现形式。传统的文化生产、传播、消费和售后信息反馈都是延迟的、单向性的。在文字印刷媒介时代，文化生产与文化接受是两个独立的过程，创作者创作出文学作品或文化产品，等待着接受者的欣赏与消费。接受者只能被动地接受、欣赏或消费已经形成的文学或文化产品。电影电视的出现，在本质上并未改变人们接受时的被动性质和单向通信状态，由于电影和电视的媒介属性，观众在观看的过程中只能坐在影院或客厅被动接受已经制作完成的电影或电视节目，无法参与其中，而电视媒介一直在致力于和观众产生更多的互动以产生更多的东西，然而它与观众的互动却因其属性而受到限制。随着网络媒介的蓬勃发展，人们可以在网上自由发言，自由交流，特别是互联网和手机结合之后，人们拥有了更多的互动空间和表达的平台，沟通和交流也越来越便捷，越来越多的媒介为人们的互动交流提供平台。“弹幕”文化的出现符合数字文化时代公众文化的参与互动的心理需求。“弹幕”形式调动观众参与、讨论的热情，使传统观众变成了实时评论者，通过网络与网友的弹幕互动交流，打破了传统观众在看电影、看电视时被动接受的状态，而是变成了积极的参与者。微媒体中除了弹幕之外，每篇文章、视频后面都有评论区，人们可以随时发表自己的评论、私信、留言、转发、点赞等，一篇被关注的文章阅读量可以达到10万以上，文末的评论区可以达到上百条留言，转发量、点赞数巨大，人们通过各种参与方式表达自己的思想，在参与中宣泄自己的心声，由此使当下的微媒介成为人们自由发表言论的平台。就像林文刚先生所言：“人类文化就是人与技术或媒介不间断的、互相依存的因而互相影响的互动关系。”

微媒介中强烈的参与性与互动性的病毒也来自其独特的传播方式，所谓的“病毒式传播”通常指在互联网上，利用普通互联网用户口口相传、相互转发的口碑式传播渠道，迅速有效地促进信息、品牌或产品发布到数以千计的互联网用户，它就像一种病毒传播效应，一旦成功启动，就会私下传播，迅速复制，并在很短的时间内达到最大的传播效果。微媒介在信息传播时代与传统媒体传播从点到面模式不同的是，微媒介是点对点的裂变传播病毒，是通过人际交往的内容信息评论、转发、扩散，以这种方式传播的速度呈几何级上升，同时基于熟人之间的信息传播来源存在信任关系，因此对信息的接受程度较高。同时传播形式的多样化：微信短信息、微信朋友圈、微信公众号、微信小程序等都可以成为传播渠道。用户可以在微信朋友圈、微博、抖音等分享自己感兴趣或认可的新闻。由于转发的便捷性，简单的共享操作提高了信息的传播效率，信息内容可以以几何级增长的速度快速传播，实现信息的实时共享，达到最大限度的传播效果。

（四）大数据算法驱动的革命

文化变革生产方式的特点是大数据革命，由智能数据成为智能的媒介，智能内容制作系统和外包部分生产不再是创作者主观地创建内容，收集来的媒体等大数据，通过算法生成内容，从而收集微媒体大数据信息来生成新内容革命。移动互联网时代，每一个用户都成为一个信息源和节点，信息输入源由于增加节点而大大增加了信息的来源，每一部智能手机背后是一个用户消费习惯丰富的三维信息，网民在网络上留下的痕迹，将成为大数据分析的数据基础，从个人的喜好和隐私，整个人各种各样的倾向，都可以通过数量庞大的上网者在网络上留下的上网痕迹形成统计数据，进而通过对媒介使用者行为的综合分析获取大量的讯息。在使用媒介的过程中，用户将自己的体验带入媒介，所以不仅过去所有的信息都是互联网的内容，而且互联网的用户也成了内容。

使用者和内容的等式关系，至少可以追溯到理查兹的文学批评理论（1929）。他说，一篇文章的内容不是存在于作者的意图之中，而是在于读者的合理解释。麦克卢汉从理查兹的理论出发，提出媒介与使用者的关系经历了“从使用者解释文本走向使用者决定文本，再走向使用者就是文本。”[①] 纵观媒介的发展与使用者关系的变化：书籍和报纸把世界带给人们是完成时，是已经发生的。电视把我们带向世界，带向事发现场，可以是正在进行时。让人们看看世界上正在发生的事情，目睹事件发生发展的过程。从印刷开始，所有的技术媒体都具有少量讯息流向大量人群的性质。唯一的例外是电报和电话，它们的内容是使用者自己提供的。“使用者是内容”“你打电话或播音时，你这个发送信息的人也被发送出去了，空壳化的使用者被送到了电力信息接收者眼前。”互联网产生以后，这一流动被颠倒过来了，使用者为他使用的媒介创造了内容，同时他本人也成为媒介的内容。

在大数据时代，大数据将我们上网的痕迹收集整理，形成对用户

---

① 〔加〕埃里克·麦克卢汉．精粹［M］．何道宽译．南京：南京大学出版社，2000．

的精准信息或广告推送，拥有大数据的商家可以将所有客户划分为不同群体，并针对不同的群体推送不同的优惠券、相关服务和产品，根据用户留下的数据进行预测，甚至可以精确预测出用户下一步鼠标会点击哪一个菜单。在微媒介时代利用大数据和算法精确了解大众心理，并形成精准推送，使信息的传播更加精准有效。什么样的标题最容易被点击？什么样的文章更有可能在社交平台上被分享？通过大数据算法对大众点击阅读的文章进行分析，从而了解大众最关心或最感兴趣的话题。通过相关因素分析内容消费的人口特征、终端因素、社交因素、其他行为。性别、年龄、喜好等基本特征可以通过一系列生活习惯、兴趣爱好、消费习惯、关注焦点问题来判断，如经常浏览的网站和内容、经常在网上购买的商品、经常点的电影、电视剧、综艺节目、经常点的餐等等。文化生产者通过对海量数据进行大数据分析和对大众心理需求的大数据算法分析，根据用户的年龄特征、生活习惯、兴趣爱好等描绘用户隐藏的兴趣。另一个获取用户兴趣点的重要方式就是用户浏览过的内容。在推送的过程中，点击率、阅读时间、点赞、评论、转发等都是可以量化的目标，能够根据数据进行预估和判断，然后再进行调整。微媒介时代对于大数据信息利用强大的算法，系统可以自动生成：实验对比数据、实验数据置信度、实验结论总结以及实验优化建议。在大数据时代，依靠大数据算法的技术权力的地位上升，有时甚至成为引导文化创作的主角。

好莱坞电影的拍摄也会利用大数据和算法来判断观众喜爱的好电影类型然后决定拍什么电影。至于什么是好电影似乎每个人都有不同的标准，所以一部电影无法满足所有人的口味。然而对于追求票房收入的商业电影而言标准很简单，一部能吸引观众走进电影院的电影就是好电影，所以抓住观众的口味就变得十分重要。美国好莱坞电影采用流水线的拍片模式，屡试不爽。随着大片模式的审美疲劳，美国的一些制片商开始用 AI 来决定制作什么样的电影。在美国有多家为制片商提供分析服务的 AI 公司，这些公司会基于大数据来分析历史电影的数据库，分析历来受欢迎电影的特点，还可以利用数据机器预测一部电影中不同的剧本和演员对票房造成的影响。

大数据和智能化技术不仅将深刻改变内容生产，也将使内容的定制化成为可能。移动互联网的每一次使用都精确地指向了特定的个体，再加以大数据技术，移动互联网能够为每一个个体提供更为精准的个性化服务，基于大数据、智能化技术，分析个体或机构的具体需求，对于其内容，将满足产生的另一个发展方向。媒介定制服务商会将客户的年龄、学历、阅读习惯、阅读时间以及所处环境等信息存入数据库进行个性化计算，推测出用户可能喜欢并感兴趣的内容，并进行实时推送，借此影响人们的生活和消费习惯。新闻推送、微信公众号文章推送、抖音短视频推送等，也会通过大数据算法，实现用户观看的“千次点击”，根据每一位用户的观看喜好，精准推送个性化内容。

三、微媒介影响下的文化反思

微媒介文化以其碎微化、参与性、互动性、平民化、草根化等特点，冲破精英文化与大众文化的界限，产生着生生不息的文化活力。但另一方面也显现出它的劣势，碎微化文化带来文化的碎片化阅读，快餐式的文化带来文化深度的消解和文化的平面化，以及文化的娱乐化倾向日益明显。

（一）阅读方式的变革

“微文化”的碎微化特征，使得“微文化”时代的阅读方式主要呈现为碎片化阅读。所谓碎片化阅读，是指对碎片化阅读材料的阅读行为和阅读状态，其典型表现是利用业余时间阅读零碎的文字，呈现出断断续续、不完整的阅读模式，所以当人们谈到碎片化阅读时，一方面指的是阅读内容的碎片化。与传统纸质文本相比，微媒介传递的内容主要是微型的、短小的、碎片化的信息。快餐式的内容信息成了人们阅读的主要内容。与此同时，为了避免读者感到无聊，微媒介文本中常常掺杂着图像、视频等信息，有时一段简短的文字、一个表情符号、一段小视频、一张图片等等都可以成为文字内容。另一方面是人们日常接收信息类型的碎片化。人们接收的信息庞杂而没有系统，种类纷繁，难以归类，人们阅读的内容常常是随机和偶然的，大多数人的日常阅读目的性不是很强的。网络上有很多不同种类的信息，总是有无穷无尽的下一条信息等待着被点开，网络上的信息浩如烟海，包罗万象。当今人们每天从手机、网络等电子终端接触到海量信息，似乎一切知识、信息变得唾手可得，阅读也变得轻松容易，在指尖的划动间，信息源源不断。

随着信息获取越来越容易，信息形式越来越碎片化，我们不禁思考：碎片化阅读对人们产生了怎样的影响？对于碎片化阅读的优点和缺点，不同的人是有不同的看法的。乐观者认为：智能化、快节奏、移动互联网是这个时代发展的潮流，而正是微媒介的出现使阅读重新被送回人们的日常生活，碎片化阅读既使得闲碎时间可以尽可能地利用起来，人们利用碎片化的时间进行信息获取，这是在有效利用时间，生活中有很多碎片化的时间，如排队时间、等车时间、短暂间歇的时间、等人的时间等等，这些时间往往无法做其他事而显得枯燥，而若将这些时间利用起来，往往可以积少成多，聚沙成塔，日复一日地累积，信息的获取也会由少变多。另一方面它也舒缓了等待的无聊，对烦躁心情还具有调节作用，用碎片化的阅读可以填补很多无聊等待的时刻，既避免了心情的烦躁，又获得了信息，可谓一举两得。网络时代的“碎片化”信息汹涌而至，是非真假优劣一拥而上，如何辨别真伪？如何厘清各种信息间的逻辑关系？如何把信息整理成知识？如何在各种声浪中保持独立的自我见解？这些都需要读者以理性的力量进行甄别、整理和理解归纳。纸质书籍不同于网络信息，其有着相对严谨的内容、逻辑和观点，纸质阅读的长处在于有利于进行反刍性思考和记忆，人们在阅读的过程中更容易进入沉静思考的状态，呈现出一种浸入式阅读体验，因此更有助于对阅读内容的深入思考，因此在阅读的过程中，形成与作者思想的“互动”；而“碎片化”阅读方式因其快速、便捷、短时，不适合深度阅读，也没有深度阅读的情境和氛围，所以更适合查阅式和检索式的实用性阅读。长期处于碎片化阅读之中，读者便会习惯于对新奇事物的追逐，在快速对无序的各类信息的浏览中，以求获得短暂的快感和心理愉悦，人们若长期习惯或沉浸于碎片化的阅读过程中，必然导致对问题思考的浅薄化和信息接收的碎片化。

碎片化阅读不同于传统古典阅读时期思维的线性发展和连续性阅读，在阅读传统纸质书籍的过程中，人们的思绪会随着内容的发展而逐渐沉浸到书籍的内容或情感当中，会顺着书中所呈现的内容去进行深入和理性的思考，会感觉读一本书经历了由厚到薄，再由薄到厚的过程，这是一个不断深入思考和思辨的过程。阅读的过程中有时会与作者的思想产生共鸣，激发思想的碰撞；有时也会对文章的内容提出异议，进而引发对问题的思辨和探索；有时会被书中观点所启发，给予人们新的灵感和思路。

人们在面对不同的阅读内容时大脑的工作方式是不同的，就像人们在碎片式阅读时似乎很难达到纸质阅读时所拥有的沉静和深度。另外碎片化阅读多数是依赖于电子媒介，其呈现给我们的形式又是丰富多样的，所以人们在阅读的过程当中思维常常被各种信息所打扰，注意力很容易就会被分散，从而降低了我们对阅读内容的专注力。另外与纸质书籍连续几个小时的阅读也不会造成过度视觉疲劳相比，人们的眼睛在长时间面对电子产品的时候，由于屏幕发出的蓝光等刺激，很容易引起人们的视觉疲劳。由于微文化短小精悍的特点使读者习惯了对简短篇幅的快速浏览，即使网络中有长文存在，但是因为手机的种种限制导致我们不方便进行长时间阅读，反而会使很多读者产生抗拒心理，往往对于长篇大论的文章，读者害怕仔细去阅读，长此以往，读者对长篇文章甚至是长句都会产生畏惧，一方面不愿意花时间和精力去仔细认真地阅读长文，剖析理解其表达的内涵，更懒于去拓展和深化自己的思维，从而造成了思考问题的方式越来越简单化、平面化。美国学者尼古拉斯·卡尔指出："我们牺牲了实现深度阅读所需要的条件，我们回到了'单纯的信息解码'状态。在全神贯注阅读时，我们形成了建立丰富的神经连接的能力，现在这种能力基本上被闲置了。"

人们在网上呈现出浮光掠影般的快速浏览的特征，他们从一个信息快速跳到另一个信息。研究报告指出，“显然网络用户不是在传统意义上阅读网上内容。实际上随着用户一目十行地‘极速浏览’时，争先恐后纷至沓来的标题、页面和摘要，新型阅读的迹象应运而生”，传统的阅读方式被“极速浏览”取代，这种阅读的特点是：“匆匆地浏览和扫描、只看关键词和重点，而愿意在深度阅读和专注阅读上花费时间的阅读正在稳步减少”。网络阅读时代，人们传统的专注式深沉体验日益被消解，而呈现出的是碎片化浅表式体验。尼古拉斯·卡尔指出，人们在尽情享受互联网慷慨施舍的过程中正在牺牲深度阅读和思考的能力。海德格尔曾经指出语言是存在的家园，而一旦技术触碰到我们的语言，就等于触碰到我们存在的根本，因为由此形成的文化形态，抛弃了文字或印刷文化，所具有的那种不受他人影响的、线性的、个人主义的心理状态，也进一步把人们抛离到了审美文化之外。著名作家阿来也曾经说过：“阅读本来是个非常宽广的存在。”微文化时代的阅读固然让更多的普通大众接触讯息与文化阅读，但电子阅读与纸质版的经典阅读方式实际上有着本质的区别，经典阅读更强调细嚼慢咽，强调文章对人的净化和移情的作用，静心阅读、审慎思考、吸收精神的滋养才是阅读带给我们的最高享受，是我们在情感与精神层面得到升华的主要方式。在当下文化碎片化与去深度化的时代语境下，还是主张将电子媒介阅读与纸质经典文化阅读相结合，一方面广收大千世界，纷繁资讯，另一方面为经典文化阅读留出时间和空间，定期让自己沉静下来，享受经典阅读之美，感悟经典阅读之深刻，让心灵在浮躁之余，感受经典文化带来的净化与升华，让灵魂在喧嚣的世界找到栖居之地。

（二）文化深度的消解

“微”文化作为微媒介时代大众文化发展的新阶段，进一步突破了精英文化的内容类型的局限，淡化了精英文化的边界，模糊了高雅与通俗、严肃与娱乐、专业内容生产与非专业内容生产、资讯与泛资讯、不同类型内容之间的界限。微媒介平台——微信公众号、微博、抖音等微视频（短视频）平台是一个大杂烩平台，各种类型与各种风格的内容芜杂丛生，既有严肃的学理文章，也有简单易懂的通俗之作，阳春白雪、下里巴人融于一体。信息的发布者可以是政府官方权威媒体，也可以是普通个人的自媒体创作，消解了精英文化的学理性、权威性。“微”文化是一种包罗万象的大熔炉文化，从传统精英文化的角度来看，“微”文化进一步由深度模式向平面化、去深度化模式转变，传统精英文化本质上是一种时间性模式的文化，蕴含着时间的历史感和时间的深度感。而“微”文化因其碎片，一篇文章中往往具有文字、图片、影像、音乐共存的拼贴式特点，也更倾向于空间性模式的文化，呈现出空间的平面感和多元化，从时间向空间的转变导致深度的丧失。首先，微媒介的去深度化也和自身的媒介属性有关，因为“微”文化呈现的“微”内容具有短小精悍的特质，微博限制140字的内容，微信文章的篇幅简短、图文并茂，一方面可以言简意赅，直指主题，另一方面使得很多问题难以用严密的推理、详尽的论证、深入的分析去阐述清楚，使问题缺乏层层深入的逻辑论证过程，因此往往使得很多结论变得突兀、缺少说服力，甚至武断、偏颇，因此微文化本身的属性限制就使它不适合对于问题进行深度阐述与剖析的长篇大论。第二，因为微媒介的基层性和平民性，使得创作者的文化层次与素养不同于其他精英文化时代的知识分子创作，虽然微文化的创作者中也存在不少精英知识分子和主流媒介的专业创作者，但是其大众化参与的属性使得文化的主流往往是大众喜闻乐见的通俗文化形态。当创作主体和接受主体都是基层公众时，文化被扁平化和去深度化就不足为奇。以抖音、快手等热门微媒介平台的内容为例，内容缺乏文化深度在抖音、快手等热门微媒介平台已经成为普遍现象。

文化创作的精神性向愉悦性、新奇性转变。有深度的文化往往充满哲学思辨、具有历史深度和对内在意义的阐释和探索，包括对现实生活的深度思考和对自我的深沉反思，它是直击精神世界和灵魂深处的震撼，将在人们的内心深处留下持久的回响。回顾文化史上出现的经典作品，无论是文学作品《百年孤独》《追忆似水年华》《悲惨世界》，还是戏剧作品《哈姆莱特》《罗密欧与朱丽叶》《等待戈多》，抑或是音乐美术作品《蒙娜丽莎的微笑》《向日葵》《最后的晚餐》《命运交响曲》《梁祝》等等，这些优秀的作品世代流传，经久不衰，它们带给一代又一代人心灵的慰藉和灵魂的滋养。而浮于表面的文化只能靠一时取悦于人们的感官愉悦与欲望去满足人们的需求，以新鲜的体验和刺激性的内容吸引人们的注意力，在短暂的新鲜刺激过后，那些浅薄的文化往往像沙滩海水退潮一般，不留一丝痕迹。为了获得关注度，很多文化生产者不惜运用各种手段，以媚俗的方式吸引观众，因此市面上低俗、下流、粗鄙的文化现象屡见不鲜，严重缺少文化质量和审美输出，致使文化创作越来越倾向于浅层次愉悦，导致大众的审美鉴赏力退化和文化思想缺失，从而出现“基于文化工业和平民化为基础产生的大量符号聚集的媚俗性文化”。

微信、微博上对于热点现象的跟风现象也是很严重，当人们的兴奋点都关注在特定问题时，各个公众号立马跟风蹭热点，纷纷撰写相关文章，甚至互相模仿抄袭，内容上基本一致。标题党最为过分，全文有名无实只为求取点击率。追求热点成为微信、微博增加点击率的法宝，在跟风现象之下，大部分文章内容都逐渐同质化、庸俗化。既然是热点，肯定讲求时效性，看谁最先发表抢占先机。娱乐平台在机会主义和实用主义的心态下，利用投机取巧的方式取得利益最大化，制造大量文化垃圾，且为追求热点效应，文化创造转变为同质化内容制造，那么文章缺少深度也成为了必然。

微文化时代的商业性扩张使得文化创作日益商业化与功利化。文化创作的目的已不再是精神化而是商业化，这导致文化创作者逐渐变得浮躁而又功利。微信公众号的广告盈利成为每个自媒体运营者的终极目的，如微信的打赏功能，使得一篇文章创作出来可以直接获得经济效益。微文化创作的商业目的十分强烈，文章的创作主要是为了增加点击率与阅读量，“注意力经济”长期以来一直是微文化运作背后的强大逻辑。在这样的目的和动机之下，文化创作者创作的出发点为了迎合观众心理已从精神层面转到经济层面，能够吸引观众眼球的内容成了很多创作者的首选，文化是否具有深度早已成为被遗忘的角落，孤零零地被弃置一旁。

经典的文化常常让人们敬畏敬仰，人们带着敬畏和审美距离云接受它，优秀的文化可以使人获得心灵的共鸣、情感的升华和审美能力的提高，进而获得人格境界和对文化的提升和认同。优秀的文化成为人们精神世界的“神明”，可以引导人们在精神层面超越现实世界的束缚，获得精神的升华和净化。现在，微文化表现为一种世俗性文化，人们创造并消费它，使它和人们的日常生活紧密相连。它来源于生活，又回归于生活，人们和它之间失去了审美距离，文化的距离感消失，而呈现为一种时时刻刻的“在场感”，由此文化的崇高感、神圣感消失，文化的净化功能也随之消失。

微媒介时代有利有弊，一方面基层公众有了更多的空间去表达自己；但另一方面，理性文化的主导地位被感性文化逐渐取代了，他们更注重感性的宣泄与表达，从而轻视理性的思索与感召，使文化逐渐具有世俗化、娱乐化和感性化的特点。感性化文化虽然解放了公众的感官体验，但也使理性精神、思考深度渐渐退出世界大舞台。人们看似在网络之上获得了大量信息，实际上这些碎片化的信息使得知识的体系性和理性化程度都会降低，这使得我们通过传统知识体系整合社会时将会面临极大困难。“微”文化填满了年轻人的生活，占去了年轻人读书和求知的时间。同时反智化的倾向对群落对立的协商、知识的传承、理性精神的建构提出了新的考验。

（三）泛娱乐化的兴起

随着20世纪下半叶大众传播媒介的出现，文化逐渐从印刷媒介时代的理性文化向以影像、图像为主导的视觉文化和大众文化转变，电影、电视、网络等互联网的普及使文化越来越具有娱乐性。尼尔波兹曼在《娱乐至死》一书中对以电视为代表的主流媒介进行批判，波兹曼指出，媒体社会所面临的问题“不是电视为我们呈现娱乐内容，而是所有的内容都以娱乐的方式呈现”[①]。他认为“所有的公共话语都越来越多地以娱乐的方式出现，并成为一种文化精神。我们的政治、宗教、新闻、体育、教育和商业都心甘情愿地成为娱乐的附庸，毫无怨言，甚至沉默不语，其结果是我们成了一个娱乐至死的物种”在新媒体、传统媒体大力转型下，整个社会的娱乐趋势愈演愈烈，文化的泛娱乐化现象越来越突出。“泛娱乐化”指的是“以消费主义、享乐主义为核心，以互联网、电视、电影为传播媒介，以内容粗浅空洞甚至大肆作秀等方式，通过‘戏剧化’表演，放松人们的紧张神经，从而寻求快感的一种娱乐现象。”目前有一个普遍现象，“娱乐至上”被认为是媒体文化的最高标准，泛娱乐化趋势正在向所有媒介平台蔓延。无论是传统媒体还是新兴媒介，以娱乐为导向的内容所占的比例都在不断增加。当前的电视节目的娱乐化现象严重，大量综艺娱乐类节目都在黄金时段播出，电视选秀节目已然成为了电视台手中的王牌。电视真人秀节目一直是受观众追捧的节目类型，在日益同质化、“克隆”化的批判声中依然坚挺。原国家广电总局 2011 年 10 月下发“限娱令”。近年来，在网络上炒作风气同样盛行，炒作是以商业利益为目的，通过精心策划、夸大宣传、制造博眼球的信息点、蓄意表现等手段，放大某些蓄意制造的事件或提升、凸显或贬低人物形象，从而在网络上引发大面积的围观，形成规模效应以此来提升关注量与知名度，其最终目的是获取社会效益与经济效益的最大化。

除了炒作的话题，明星娱乐新闻也是当下吸引人们眼球关注的热点现象。人们过度关注娱乐消息，追求“刺激”信息，用刺激性的快感愉悦取代了理性思考和对社会现实问题的关注，一味地在即时享受、活在当下的心态中，从而陷入非理性的泥沼中。缺乏理性思考的后果是人们未经思考就被网络上的娱乐话题所引导。泛娱乐文化在自媒体时代的另一典型代表是网红文化的盛行。网红文化是随着网络的发展

① 〔美〕尼尔·波兹曼．娱乐至死［M］．章艳译．北京：中信出版社，2015.

而产生的一种文化现象，它是媒介转型时期和文化价值多元化发展的产物。

所谓网红文化是指一部分人利用网络平台快速吸引公众的注意力，聚集网络上的流行资源，在网络平台脱颖而出而形成的文化现象。这些群体源于网络平台在短时间内积聚超高符号价值，被称为“网红”。网红文化是随着互联网的普及而出现的，从诞生到现在，已有十余年的时间，网红文化符号的形象建构也经历了不同的过程。而后迅速崛起的微媒介，抖音、快手上的段子手上传的短视频所呈现的信息都是“娱乐的声音”，夸张的表情、抑扬顿挫的语调、搞笑的段子、犀利的吐槽，配合微媒介短视频平台的媒介属性，为人们提供娱乐。即使是网红们在表达社会热点问题时，他们关注的焦点也不在问题本身，而是纯粹的娱乐，目的都是为了制造娱乐效果。网红们利用关注好奇心、审丑和追求娱乐的心理，把一切对社会问题的吐槽都变成了娱乐手段。

网红文化兴起的原因，一是由于微媒介时代的文化参与性、互动性增强，每个人都可以成为创作者，让每个个体都有机会参与到文化的创造之中，为网红文化提供土壤，使得网红文化得以出现。回望20世纪的现代文化娱乐业，它具有高度的专业性、垄断性和排他性等特征。荧幕明星可以成为一个时期乃至一个时代的文化象征，而普通人很难得到像明星那样巨大的关注度。随着互联网的出现，特别是微媒介的繁荣，它为每个普通大众提供平台，只要他们有一个智能手机，就可以在任何时间、任何地点向网络观众展示自己。二是源于人们渴望受到关注、获得尊重的本性和对名誉及功利的追逐心理。这是传统媒介时代，在网络之上，只有明星才会得到的待遇，受到众人的关注与追捧，有些网红粉丝动辄上千万，而微媒介时代，一个原本普通平凡不受关注的人，一夜之间也可以获得这样的关注，极大满足了人本性中渴望受到被认同、关注、崇拜的心理，极大让人产生愉悦感、满足感和成就感；人是社会化的动物，人渴望在群体之中拥有较高的名誉与声望，从而为自己带来更多的名利。三是消费文化时代，这是消费经济推动的结果。无论是网络时代还是当下的微媒介时代，网红文化的兴起已不仅仅是精神文化现象，而且是背后有强大的经济原因推动。网红俨然成了经济符号，在“流量为王”“流量变现”的时代，网红文化符号积聚起的关注度和人气资源就是经济效益。流量热度赋予网红时代更多的经济属性，一切与网红相挂钩的变现模式都指向了经济利益。四是迎合了大众对于娱乐信息的心理需求。在面对信息过剩的问题时，人们更会被“有趣”“刺激”的信息所吸引，而网红所呈现的短小精悍、满足人们视觉听觉感官的传播内容，填补了人们碎片化时间的空白。

在网络时代，当人们在面对海量信息时，会感到力不从心，所以他们更倾向于关注和谈论网红。在一定时期里，网红已经成为人们追逐和模仿的网络偶像。关注不仅可以得到娱乐的消遣，还可以投射自己不同的情感需求，这转化为了一种自我认同和慰藉。随着媒介文化泛娱乐化现象的加剧，媒介已成为人们寻求快感和发泄情绪的狂欢场所。拉扎斯菲尔德和默顿曾指出如果人们过度沉溺于大众媒介所传递的浅表信息和通俗娱乐之中时，就会在不知不觉中丧失社会行动力，而满足于“被动的知识积累”。过度娱乐化的文化使人沉迷于表层的感官愉悦和虚幻的满足状态，浅表的娱乐更多是对人欲望的满足，在娱乐化信息的“麻醉作用”中，使人们暂时忘却在现实社会中遇到的压力。一旦他们沉迷其中，享受着全身心的放松，头脑中什么也不想，就会忘记了一切痛苦和忧伤。实际上享乐是一种逃避，这种享乐是以无能为力为基础的。在法兰克福学派看来，娱乐文化占据了人们的生活，使人们在娱乐文化的“麻醉”下逃避现实。对现实的逃避和工作的压力与疲惫之后暂时的放松和安慰不同，人们沉溺并满足于娱乐带来的欲望快感，看不清自己所身处的社会现实，并在虚幻的娱乐世界里迷失自我，假以时日将加剧人的空虚和无聊，人生茫然失去方向，最终会导致人内心精神生活的崩溃。当人对文化的需要不再是精神的需要，而是变成一种消遣性的娱乐时，娱乐至死、精神贫乏，就会成为娱乐化文化充斥的社会里挥之不去的迷茫。

娱乐文化的崛起归根结底是一种文化与商业的相互勾结。当文化生产追求利益至上的商业逻辑，而不是遵循文化本身的社会功能时，它所生产出来的文化产品将会偏离社会文化的轨道。当文化变成了资本、媒介和受众之间的中介时，文化也就成了“文化工业”。阿多诺就站在精英文化的立场提出了“文化工业”理论，揭示了大众传播媒介利用技术手段大规模复制传播文化产品、文化商品的娱乐工业体系的本质。[①] 这种娱乐工业，通过大众传播媒介将标准化的大众文化产品送达到消费者手中供其消费，因而真正主导文化产业的是资本的力量。法国结构主义者罗兰·巴特认为:“大众文化并非起源于大众，而是由企业家所炮制出来的、用来赚取利润的意识形态工具。”[②] 在微媒介时代，娱乐文化已经变成了商业文化和消费文化，成为了一种赚钱和盈利的手段。娱乐文化现象往往是“娱乐至死”和“消费至上”的结合。在面对海量的信息和娱乐资讯，只有具有新鲜感和刺激元素的内容才能吸引人的注意、激发起人们的观看和消费欲望。娱乐文化生产者、媒介和资本都深谙受众的心理，对于娱乐性的内容创作和投资热情日益高涨。在环境和媒介的引导下，受众更愿意消费那些充满娱乐性、博人眼球的内容。那些吸引眼球的娱乐文化符号往往很快就会得到资本的青睐，资本借助娱乐文化符号的关注度刺激受众消费。经过推波助澜的促销后，受众的消费欲望被激活，资本利用娱乐文化符号迎合了受众的消费心理，“弱化了‘理性’的实用价值，强化了具有极强娱乐特征的符号价值和象征意义，实现了‘消费至上’的诱导”，娱乐文化既愉悦了大众，又获得了经济收益，可以称之为“名利双收”。虽然20世纪大众文化批判理论兴起，但不可否认的是，泛娱乐文化现象是大众文化发展的新阶段。在大众文化潜移默化地转化下，大众在满足生理需求的娱乐同时，一味地追求感官的紧张刺激和肉体快感的浅薄层次，变得越来越浅薄庸俗，他们的正义感、道德感逐渐麻木，变得思

① 赵勇．何谓“文化工业”——解读阿多诺的文化工业批判理论［J］．文艺理论与批评，2003（01）：29-39.

② 〔法〕罗兰·巴特．神话——大众文化诠释［M］．许琦玲译．上海：上海人民出版社，1999.

想幼稚、精神低迷，人的生活也变得缺乏追求。此外，他们提倡炫耀性消费，追求商品的交换价值而不是使用价值。这些特点都体现在当今的泛娱乐文化中。在泛娱乐化的时代，人们追求视觉冲击和感官刺激，淹没在了浅表化的表层信息和碎片化的视觉符号的浮光掠影之中。波兹曼在《娱乐至死》中引用赫胥黎的观点警醒我们："人们感到痛苦的不是他们用笑声代替了思考，而是他们不知道自己为什么笑以及为什么不再思考""我们将毁于我们热爱的东西"。

第五章　消费方式的变革和异化

互联网技术的日渐成熟，使得电商运营成本变得低廉，而这低廉的运营成本能够轻松地将企业与个人相互连接起来，从而将信息集中并融合在一起。互联网平台利用计算机的大储存量和传递信息精准的特点，快速将国内外绝大多数商品的信息整合分类，并根据广大消费者的购物需求，及时更新产品和调整价格。如今，由于网络消费提供越来越方便的消费环境，网络消费与传统消费模式发生碰撞，导致网络消费甚至呈现出逐步取代传统消费模式的迹象。当社会由生产型社会向消费型社会转型时，“在我们的周围，存在着一种由不断增长的物、服务和物质财富所构成的惊人的消费和丰盛现象”①，波德里亚的“消费社会”理论是对消费社会的深刻注解。进入到微媒介时代，随着技术的发展，人们的消费方式、消费心理和消费场景进一步升级，较之波德里亚描述的“消费社会”都发生了新的变化，以网络购物和电子支付等的出现为变革标志的新时期消费方式和消费行为都发生了转型和重构。

一、电子商务的崛起与消费理念的转变

互联网的发展和以智能手机为载体的微媒介的出现，导致依托互联网和信息技术的电子商务迅速崛起，中国的消费方式发生了巨大改变，如人们的消费方式由传统线下实体消费转变为线上电子消费。足不出户人们便可以借助智能手机上的淘宝、天猫、京东、拼多多等各种手

① 〔法〕让·波德里亚．象征交换与死亡［M］．车槿山译．南京：凤凰出版传媒集团，译林出版社，2006.

机 App，逛遍各种掌上商城，选定需要的商品。点击一键下单，完成电子支付，就可以安心等物流将货品配送到家。随着网络购物、电子支付迅速成为当下蓬勃发展的新型消费方式，人们的消费习惯和消费心理也随之改变。首先电子商务的崛起是消费方式转型的直接推动力；其次随着社会的发展，人们的消费理念也在不断发生着变化；再者其和当下社会消费结构的升级调整也紧密相关。

（一）电子商务的崛起

目前，在服务业和信息电子技术行业发展的主导趋势的影响下，且随着互联网行业和数字化技术的发展，电子商务迅速崛起。“狭义电子商务是指基于互联网而开展的商品与服务交易活动。广义电子商务不仅包括基于互联网而开展的商品与服务交易活动，还包括基于互联网而开展的其他各种商务活动。人们提及电子商务，一般多指狭义电子商务。”电子商务是以信息网络技术为手段，以商品交换为中心的商务活动，是在因特网开放的网络环境下，买卖双方不谋面地进行各种商贸活动，是实现消费者的网上购物、商户之间的网上交易和在线电子支付以及各种商务活动、交易活动、金融活动和相关的综合服务活动的一种新型的商业运营模式。因此，电子商务在传统商业活动各环节都呈现出明显的电子化、网络化、信息化。

我国电子商务从初创期到如今的蓬勃发展，发展迅速。1998 年 3 月，我国第一笔互联网网上交易成功。在电子商务初期，网络购物几乎全部是由电子商务构成。2000 年到 2009 年电子商务进入可持续发展的稳定阶段，之后随着网络技术的进一步成熟，2010 年以后电子商务进入成熟发展时期。而随着互联网的快速发展，电子商务的内容构成也日渐完善，网络购物成为电子商务的一个组成部分。目前随着智能手机的普及和广泛应用，也使得互联网电子商务如虎添翼。作为它一部分的网络购物更是如火如荼，越来越多的人加入网络购物的大军之中。电子商务的蓬勃发展、异军突起，使我国的网络零售呈现高速增长的趋势，已稳居全球零售市场首位。

互联网技术和电子商务一方面满足了消费者高效率、低成本的心理需求，既降低了消费者的购物成本，也降低了消费者的产品搜寻成本，在购物网站一键搜索，同类产品就会大量出现。另一方面，网络购物比起现实购物有着产品价格低、消费选择范围大、动态实时信息以及更低的交易成本等优点。同时电子商务的网络购物还能够突破购物过程的时间与空间限制，使消费行为更自由。作为消费者，只要动动手指，不用出门就能买到自己心仪的商品。可以说，电脑、互联网为电子商务的发展提供了适宜的培养基，而智能手机的广泛应用则是为电子商务的发展加了一把火。

（二）消费理念的转变

消费理念是人们对待其可支配收入的指导思想和态度，以及对商品价值追求的取向，是消费者主体在进行或准备进行消费活动时对消费对象、消费行为方式、消费过程、消费趋势的总体认识评价与价值判断。社会主导的消费理念的转变，在一定程度上推动了网络购物的兴起。

一是“非显著性”消费理念的兴起。网络上的同等商品相较于实体店的商场和超市，价格更便宜，或者说性价比更高，这是网络购物兴起的部分原因，而对于高性价比商品的青睐与人们的“非显著性”消费观念紧密相关。“非显著性”消费与“显著性”消费是相对而言的，“显著性”消费是指在消费的过程中，商品的符号价值和希望获得社会及他人认同的心理在消费决策中占据主导位置，人们倾向于购买各种名牌包包、顶级的电子设备以及奢侈品，从而在购买的过程中获得身份快感。消费物本身的价值在“显著性”消费中占比较低，反而通过消费展现出来的社会符号以及个人理想（即加入更为理想的团体，或通过消费寻找到类似消费观的人群）是消费主要目的所在。而“非显著性”消费则指在消费过程中，更注重蕴藏在产品细节，或者蕴藏在品牌背后的文化、精神、时尚元素等的感知和体验，在商品的使用价值之外追求商品的高品质、高性价比和文化、精神需求，并愿意为此买单，却不单纯以国际大品牌和超高价位来彰显其价值。也就是说，比起消费符号的作用，更注重消费的内涵。这种消费理念的出现在某种程度上意味着消费者开始向理性消费回归的趋势。

中国的消费方式在社会发展及相关消费升级的理念的影响下，分为几个过程：必需消费－品牌消费－高端或奢侈品消费。但是目前这个过程有回还的趋势，即单独定义高价格等于高价值的消费理念已经成为过去式，价值的判定标准发生转变，并被重新定义。相比单纯追求高价格，性价比成为衡量消费的标尺。也就是说，符号化消费的消费方式转变成追求高品质、高性价比的消费。目前，相较“显著性”消费方式，新时代的消费者则越来越关注一些“非显著性”的消费，但不管消费方式如何变化，其宗旨都在于消费者对于生活质量提高的期许及追求。

二是“人本位”的购物心理满足。产品的实用性与价格在当下已不是消费者衡量是否购买产品的全部因素，新时期的消费者更加注重消费的新颖与时尚、生活品质、独立个性，其在自我感受与体验等方面有追求。即消费者在购物的过程中，内心需求成为主导消费过程的第一要义。通过感知、消费、体验产品，从而寻找符合自己内心需求的产品，而不是简简单单将消费和商品实用性和价格画等号。在这个过程中，购物成为以自我内心需求为主导的自我内心满足过程，并从中找到自我归属感，消费自主性随之体现。当下的消费者更注重有品质、能彰显自我个性的产品，购物由实用性转向对自我内心需求和情感的满足，消费者更希望在精心选择的物品中，彰显自我的生活态度，获得心灵的自我慰藉和满足，通过这个过程，既展示了自我个性和特点，又积极实现着自己定义的精致、小资生活。

传统的百货商场销售模式到电子商务消费模式，是“物本位”到“人本位”的转变过程。传统消费，将不同类别的商品汇聚在商场里，并将商场打造成宽敞、舒适、休闲的购物空间，虽然消费者可以自由地在种类各异、琳琅满目的众多商品随心选择购买。但这种购物模式依旧是将人和商品产生链接，二者是销售和购买的关系，商品的销售额是衡量的唯一标准，因此仍然是物本位。而当今社会，人已经从固定的空间、角色身份中解放出来，在不同场景下人们需要适应不同身份切换角色，并且由场合限定身份，如学生、老师、职员、父母、消费者等，人的属性会随着空间的定位和形态产生变化。当前形势下，消费者对购物的需求展示发生了变化，因此要求消费场景也要发生变化，满足人本位的需要。所谓人本位，即消费人们提供了一个全新的商品、社交、文化、活动共享的第三购物空间、生活空间和社交空间，在这个空间中可以让消费者参与到360度的沉浸式体验当中，人们在购物的过程中，不再是单纯地购买商品，而是在其中得到心理的放松和满足。而这种购物标准的转变，使得购物的本质和意义发生着巨大变化。

三是社交应用影响购买决策。网络化、数字化技术的发展，开启了中国数字消费市场，并且网络空间为新的购物模式和场景的出现和发展提供了前提条件，同时网络是一个社交、文化、购物等集于一体的共享空间，使得网络上的各种活动会产生联动效应。因此，当前正在形成一种全新的消费趋势，通过当下网络信息共享的时代，微信、微博、抖音、快手、小红书、淘宝等网络社交应用影响了人们日常生活和交往，同时影响了人们的消费决策。社交应用上购买过该商品的人对商品的看法和意见，在某种程度上影响消费者的消费行为，甚至改变了消费者的购买决策。

随着各类网络社交应用的普及，由小红书、抖音、快手、微信朋友圈、微博等社交应用平台形成的社交圈开始成为消费者获取消费信息、讨论产品性能、了解产品质量、取得购物优惠等探讨消费过程和消费体验的重要渠道，在各类社交平台上往往聚集着大量愿意分享购物体验的达人，也包括对购物有自己心得的普通网友。人们在社交应用平台分享自己的购物体验，而对好的产品的分享和推荐往往具有引导的作用，社交圈分享的好的产品往往能够刺激消费者的购买欲望。据统计，大约有55%的中国消费者喜欢在社交应用中分享自己的购物经历和消费体验，这部分消费者也更容易受到别人社交分享的影响而增加购买意愿，其中近半数（44%）会因受到社交圈的刺激而进行购物。不同的社交平台会将具有共同兴趣爱好和关注点的用户组成兴趣圈，人们在共同的兴趣圈中更易于获取感兴趣的信息和更容易分享共同感兴趣的商品。人们看到好的推荐，会对推荐的商品在心里“种草”，也就是产生购买欲望，因此兴趣圈对消费者的购买决策影响很大。多数消费者表示更愿意相信、购买兴趣圈中推荐的产品，尤其是当下的年轻消费群体，更愿意接受来自社交圈的商品推荐。56% 的消费者表示，和他们有共同兴趣的人的推荐，是他们购物的重要参考因素，另一方面，会主动搜索并加入兴趣圈的消费者，往往具有更强的社交欲望，而兴趣圈对他们的影响力也更为明显。数字时代社交以及分享的便利，使得消费者更愿意参考社交圈的购物建议，避免盲目消费，同时分享自己的购物体验，给其他消费者以参考，由此消费呈现出“参考——购买——分享——再参考——再购买”的循环式连锁反应。

二、网络消费方式的变革

线上经济是相对于线下实体经济而言的，线上经济主要是依托互联网和电子商务发展起来的，对于消费者而言，当今线上网络购物日益成为一种被人们普遍接受的购物新模式。中国拥有全球最大的网购人群。2016 年 6 月至 2019 年 6 月，中国网购用户人数从 44772 万人增加到 63882 万人，网购使用率从 63.1% 提升至 74.8%。截至 2022 年 6 月，我国网络购物用户规模达 8.41 亿。中国网民的网购频率比较频繁，并呈现出快速发展的态势。调查显示，2019 年中国网民手机网络购物用户规模达 62181 万人，占手机网民比例的 73.4%，其中约有 58.4% 的人每月多次进行网购，24.2% 的人几个月网购一次，而多年才网购一次的网民比例仅为 3.6%。且据调查显示，2021 年中国零售总额中约 52.1% 将来自电子商务交易，这意味着 2021 年中国将成为第一个电商销售超过实体零售的国家。据国家统计局披露的数据显示，2020 年，我国网上零售额 117601 亿元，比 2019 年增长 10.9%。随着网络购物模式日益被人们接受，电商平台为刺激人们的消费，各种促销手段花样繁多，其中淘宝“双十一狂欢购物节”可谓是最成功的促销模式，2021年阿里巴巴“天猫”双十一成交总额达5403亿，阿里巴巴成功地将“双十一”打造成全世界唯一一个只以消费为目的的节日，而在千百年前，只有民族与宗教才拥有这种造节能力。淘宝把消费变成一种习俗和传统，让消费主义融入人们的血液中，成为了一种消费文化符号。

（一）购物模式的变革与电商直播的出现

网络技术和信息技术的发展使得电子消费方式日渐火爆，而这种消费方式的转换与每个时代的特定社会背景、技术发展密切相关。可以这么说，不同的时代，不同的经济、科技的发展水平及不同的人民生活水平，购物模式与消费方式会发生一定程度的变迁。

我国购物模式大致经历了供销社“凭票购物”，市场散户商铺购买，超市、商场、购物中心选购，足不出户网络“淘宝”消费这四个阶段。网络直播购物的出现，代表我们的消费方式进入了新时代。随着互联网技术的发展，电子商务模式逐渐趋于成熟，相对于广场综合体模式，电子商务模式承载的商品信息呈现指数级爆发增长的特点。网购的推广和普及，使得各大品牌、各大种类的商品在网络上流通，这让顾客买东西变得便捷。大到汽车、家电，小到衣服、零食，从标准化商品到订制礼物等个性化产品，网络购物覆盖面越来越广。顾客只需要搜索几个甚至一个关键词，便可以浏览到海量商品，享受“足不出户，购满天下”的便捷。但是这样的消费方式也存在缺点，不同于传统消费的直观体验，顾客在繁多的商品信息中，不能直观感受到商品好坏，因此，这个缺点导致“体验式消费”这个口号将一直伴随着后电商时代。

但是网络的快速发展意味着商品信息的爆炸增长，这也就代表着我们每天接收商品信息越来越多，商品数量和购物平台暴涨，对于我们来说，想要挑选合适商品的时间成本、精力成本都随之增大，而仅凭个人之力，要挑选合心的商品的难度也随之加大。目前，伴随着短视频的兴起，“直播 + 电商”这一模式逐渐走入大众的视野。进入到二十一世纪，随着移动互联网的发展和智能手机的普及，移动用户数量不断增加，购物方式也向网络购物转移，移动支付的出现更是让网络购物如虎添翼，利用手机网上购物正成为越来越多人的选择。

目前，互联网技术发展到了一定程度，同时电子商务和网络购物的模式日渐成熟，也催生了另一种新型购物方式——电商直播购物。目前中国布局电商直播行业的平台主要分为两大类，一类是电商平台（如淘宝直播、蘑菇街等），通过开通直播间，引入内容创作者，销售方式是“电商 + 直播”；一类是内容平台（如抖音、快手等），通过接入第三方电商平台来实现直播 + 电商的运营模式，销售方式是“直播 + 电商”。网络电商直播通过以网络主播为代表的直播带货模式给消费者带来更直观、生动的购物体验，逐渐成为电商平台、内容平台新的增长动力。这取决于电商直播模式在产品呈现形式、时间成本、社交属性、购物体验感和售卖逻辑等多个维度弥补了消费者在传统电商模式下无法呈现的消费体验。据艾媒咨询数据显示，2020 年中国直播电商行业的总规模达到 9712 亿元，预计到 2021 年规模将翻一番。其中，2018 年增长率高达 589.46%，2019—2020 年增长率分别为 227.7%、189.57%，保持三位数的增速。从数据可知，“直播 + 电商”模式目前正处于极速扩张状态，同时正在以惊人的速度渗透到电商市场，越来越多的人参与到这一场直播带货的盛宴中其中。尤其是在美妆、服饰、食品、家电等行业，直播成为品牌、商家标配。为了“带货”，不仅有专门从事此行业的网络直播加入，甚至全球有近百个品牌的总裁、高管“赤膊上阵”叫卖；1.5 万名村播走进田间地头开播；20 多位县长排队进直播间吆喝当地特产。直播不限年龄、性别、职业，只要有智能手机，有相应的商品，便可以开启直播卖货，可见“全民直播”时代已经来临，而从直播带货的成交额来看，它俨然成为商战利器。直播激发了前所未有的新消费力量，在某种程度上也重塑了电商模式，同时也反映出中国经济发展和消费的新趋势。在电视直播与网红经济风起云涌的背后，是销售模式、用户需求、消费理念的变化及其对实体经济产生的巨大影响。

直播带货之所以有目前火热的场面，除了硬件如网络技术、互联网的发展外，还有着其他消费不可比拟的优势。它通常采用限量“秒杀”的方式，同时结合优惠券发放的消费模式，给消费者造成一种迫不及待的参与感。而且由于直播带货从厂家直销的方式在一定程度上降低了运营成本，如摊位费、管理费等，因此直播间商品的价格优势十分明显，再配合饥饿营销策略，迎合消费者追求性价比，或者叫贪便宜的心理，给消费者造成“买到就是赚到”的错觉。除了消费快感，还有一种娱乐游戏的紧张刺激感，给秒到货品的消费者一种内心的满足感。而这种瞬时抢购的消费模式，主播和消费者齐参与的消费方式刺激了人们的非理性消费。其中，商家采用“限购”“秒杀”的方式，就是不想给消费者留出太多做决策的时间，资本的最终目的就是要在非理性的状态下刺激出消费者足够的欲望，在来不及做出理性判断的“秒杀”中，达到高消费额的目的。但“非理性消费”带来的刺激，同时也不可避免地造成退货率的升高。其实对于消费者而言，消费狂欢带来的不仅仅是商品的价值，而且还有那些隐藏在商品背后的新的消费观念和心理动机。

直播销售模式火爆的同时，也对传统的实体经济带来了巨大冲击。不难看出，直播销售跳过了传统的销售模式的中间商环节，中间商通过流转货物赚取利润，而传统销售模式通常不止一个中间商（如商场、仓买、店铺等），因此直播销售的模式在很大程度上削减了成本，不通过中间商，而是直接出厂即转交给消费者。

这种主播直接和厂家或者品牌方直接对接进行货品直播的方式，达成了销售模式的去中介化，使产品生产者或品牌方直接面向消费者，省去了商场店铺各种附加费用和中间商赚取的差价，而将传统销售中属于中间商的利润直接让利给消费者从而打出直播间“最低价”“薄利多销”等标语。这种低价格、高性价比的消费模式自然带动了销量，而提高到一定量级之后，淘宝自动提高品牌厂商的搜索排名，使得顾客更加容易搜索到此店铺，从而带来更高的复购率。而直播间低价格的另一因素是直播短时间内可以聚集到人数庞大的消费人群，形成散户集群式批发的目的，即虽然为散户，但达成了批发的效果，短暂时期内可以卖掉相当大数量的货物，因此即使薄利，依旧有高利润。同时有生产商为了在线宣传自己，将做广告的那部分投资拿出来让利于消费者，既卖出了产品，又变相为自己的产品做了广告，还省去了用于媒体广告宣传的费用，可谓一举多得。直播购物在一定程度上给消费者带来便利、便宜，但是这种做法带来的负面效应也不容小觑。它的存在，对传统的实体经济产生了强烈冲击，同时人们也发现“线上”“线下”这样泾渭分明的单线思维已经不能驾驭新消费的趋势了，这也促成了更多实体企业商家由“线下”向“线上”转型或转变为“线上”“线下”互动合作的新型商业模式。

（二）网络消费的行为过度

线上经济和网络购物的蓬勃发展，引发了新一轮的消费热潮，同时也构建着微媒介时代的消费文化，“编织起了一张由影像、记号和符合组成的、变动不居的巨网”“消费文化的一个重要特征就是，商品、产品和体验可供人们消费、维持、规划和梦想……消费绝不仅仅是为满足特定需要的商品使用价值的消费。相反，通过广告、大众传媒和商品展陈技巧，消费文化动摇了原来商品的使用或产品意义的观念，并赋予其新的影像与记号，全面激发人们广泛的感觉联想和欲望。”微媒介时代的网络购物是一把双刃剑，带给人们便利的同时也产生了很多问题。“物质的增长不仅意味着需求的增长，以及财富与需求之间的某种不平衡，而且还意味着在需求增长与生产力增长之间这种不平衡本身的增长，心理的贫困化就产生于此。潜在的、慢性的危机状态本身，在功能上与物质增长是联系在一起的。”物质的丰盛在于商家通过“秒杀”“薄利多销”等购物标语，利用消费者非理性消费心理，营造出种种消费幻觉，带来过度消费的文化陷阱。

一是欲望消费。为了刺激消费，提高消费额，商家们创造出了

"双十一""双十二"、美妆节、生活节等各种节日，在消费主义大行其道的背后，光明正大地提倡不理性消费，这从深层折射出消费主义伪造出的文化假象，正如《奇葩说》中的哈佛大学毕业生詹青云所说"你不是在为喜欢的东西花钱，你是在为精致这个概念花钱"，这句话点出了当下消费现象背后的商业逻辑与文化逻辑。传统消费中商家注重宣传活动，而在当下的消费活动中，商家把宣传转化为对人们潜在心理和社会观念的研究，基于这种研究之上，也出现了很多新型的消费话术。如"女人要活得精致一点""女人要对自己好一点""让自己变美是对自己最好的投资"等，从而来推动消费者消费。商家为了促进消费者消费，他们把消费包装成了与"精致生活""提升自我""不能亏待自己"等一系列与人生概念相捆绑的行为，这不简简单单是一种满足自身需求的行为，在这一系列包装背后，它给消费者的心理暗示是只要其拥有了这些商品，就同时拥有了与商品所对应的概念化生活。人们可以抵抗商品的诱惑，但是抵挡不了"让生活变得更美好""让自己变得更精致"的内心欲望。商家将消费夸张成一定的生活意义，导致人们淹没在丰盛的商品海洋里，不断涌起的内心欲望更加剧了人们的消费。这种将商品与人生概念相捆绑最成功的案例是 20 世纪对钻石的营销。钻石销售商为了将名为钻石的石头大量销售出去，精心策略了一场改变人们观念的广告营销活动。他们将钻石与爱情相连，向世人灌输一个钻石代表爱情的观点，可以说，就是将钻石与爱情画等号。宣传只要有钻石便能拥有永恒的爱情的标语，将"钻石恒久远，一颗永流传"深深烙印在每个人的观念中，订婚、结婚拥有一枚属于自己的独一无二的钻戒成为理所当然的爱情见证。在这场资本家精心构建的商业策略中，用钻石物化爱情的特点正和现在的商品销售策略如出一辙。所以说目前的消费模式就是商家将传统消费模式中研究的宣传转化为研究消费者心理，资本家往往塑造一个个使用场景，将商品和一些抽象的概念绑定在一起，如生活方式、人生意义等，并将此观念植入到人们的心中。在资本家营造的消费幻象中，消费已不仅仅是商品的购买与使用问题，而是上升到自我身份认同、自我价值提升、人生价值的实现等高度。

消费者在资本家苦心孤诣营造的消费幻象中，往往会形成追求消费的价值观，从而产生失去主体意识而不自觉的现象，逐渐丧失了自己独立思考、判断和抉择的能力。再加上主播“OMG，买它买它”的诱惑标语的影响下，在“秒杀”的短时刺激中丧失理性思考，消解个体的独立主见。在电商主播的“让你变得更美”“让你变得更好”“让你看起来更有钱”的一系列价值观的洗脑灌输中，消费者很容易失去理性判断，从而不顾一切地抢购原本不需要的商品，造成过度消费现象。归根结底，商家不过是在挖掘和利用“人性之欲”，通过心理学来唤醒和激发人的消费欲望，导致人们陷入商家精心营造的消费陷阱。

二是超前消费。近年有一个流行词叫“无产中产阶级”，“无产”是指收入，“中产”则是生活方式，意思是哪怕没有固定资产和生产资料，收入如“无产阶级”一般，靠出卖劳动力赚钱，但同时又积极秉持着“中产阶级”的消费习惯和审美情趣生活。与此相近的还有一个词叫“隐形贫困人口”，正如字面意思，其指的是外表光鲜，但实际上背负着大量信用卡和各种消费金融债务，并且在“负翁”的路上越走越远的人。所谓“负翁”，是指透支信用卡、花呗、蚂蚁借呗、各种信贷，在“花明天的钱，过今天的瘾”的消费惯性趋势下，逐渐被超前消费绑架的人群。而现在有大量年轻人除了是“月光族”，还加入了“负翁”一族。在互联网营销时代，商家就是将这种“负翁”的不当行为鼓吹包装成及时行乐的消费理念，而这样的消费主义助长了年轻人的超前消费行为。同时为了追求更高的消费额，商家巧妙借用几个词语对消费行为进行分类，如服装价位的界定，百元的服装是“地摊货”，千元以上的服装是“轻奢”，万元以上是“奢侈品”。通过几个词语对商品进行命名，使拥有高价位商品的消费者有一种在社会上层的幻觉，将消费水平与个人成功、身份地位、人生幸福、自我认同等划等号，因此人们对于和自己的生活水平并不匹配的高消费趋之若鹜。这种表面上看是人们对更好生活的追求和向往，实际上背后折射的是生存与自我身份认同的焦虑。而在所有的焦虑中，这种“因为不知道自己是谁，不能清晰地定位自己的目标和方向”的身份认同的焦虑是最致命的。正是这种消费与身份认同划等号的营销模式和卖家宣扬的精致生活和普罗价值观与用物质标榜社会身份的消费方式，从而使得当下年轻人落入消费主义陷阱。卖家将购买营销变成实现身份认同，于当下年轻人而言，是在制造一种焦虑，一旦年轻人陷入这种“符号式消费”的陷阱，那失去理性的“买买买”的消费行为，也就根植于他们心中了。

这种销售策略屡屡成功的原因，不仅和商家的营销包装有关，同时还和现代社会通常以物质财富的多寡的标准来评定人的身份有关。例如他人的服饰、穿戴、汽车、住房及其他活动，“根据这些东西有无品味，人们就可以对他们的主人予以解读或进行等级、类型的划分”。另一方面也源于社会倡导的风格化、个性化的生活方式和自我张扬。正是由于这种倡导独特化的生活方式，因此商家才会苦心钻研大众心理，包装出一种新的消费文化。新的消费文化暗示着，无论何种年龄、何种身份，人们都有提升自我、表达自我的权利，因此他们追求新的消费体验，敢于尝试各种选择机会并努力去享受、体验。

三是冲动消费。冲动性消费是指一种非计划性的、一时冲动的商品购买决策，因此冲动性消费是一种瞬间的、无事前意识而购买计划外的商品的行为。冲动性购买通常是快速的决策，对事物客观信息的处理常常受到主观因素的影响或者常常跳过信息处理部分，并伴有强烈的兴奋感。究其冲动性消费产生的原因除了前面提到的欲望消费之外，同时与商家打出的各种招牌以及大众一同购买的行为脱不了关系，这从中映射出消费从众心理和消费求廉心理。

网络购物，尤其是直播带货，就是在短暂的时间内聚集起一大批人，消费从众心理就是指在看到周围的人都在参与购物行为，受到感染也盲目跟从进行网络消费。消费求廉心理也是导致消费者冲动消费的一个主要原因。商家通过各种折扣、让利满减等宣传手段营造出浓厚的消费气氛，以及打出“让利仅此一天”的响亮口号，以价格优惠的方式巧妙迎合了消费者的求廉心理，主动吸引消费者参与其中并诱使其冲动购买。

对消费者而言，当下的消费带来了一定的便利，如可以享受平时享受不到的折扣，以及足不出户便能购买心仪商品的高效物流。但是无止境的消费似乎并不能给我们带来内心的宁静和满足。符号消费在今天依旧火热，在消费社会中，商品符号价值的生产与交换也控制了整个人类甚至整个社会，消费者不断寻找真实自我却迷失在消费的幻景里。在鳞次栉比的商品构成的消费社会里，商品的使用价值已经不再是人们所关注的焦点，而在于其指涉意义。当消费被包装成一种代表人生意义的理念，商品就已不再是一个工具，而转身被当作符号来操纵。我们生活在一个流动的社会，人们随着社会等级的发展而对生活有了更高的要求，如物质的需求、文化的需求以及社会地位的需求。或许我们可以换一种方式来思考该如何消费，如何生活，这样才能寻找到真实的自我，从而做更好的自己。我国自古倡导以节俭为美德，往往人们在大量消费之后，除了可以体会到短暂的消费带来的快感之外，还会出现很多不必要的烦恼，如商品的过剩，经济的负担等。要体验生活的丰富多彩，要让生活变得更充盈，并非通过物质消费就可获得的，当下崇尚一种生活观念叫断舍离，少就是多，简单就是丰盈，太多物质的堆砌，只能成为生活的负担。不同于以往物质紧缺的时代，现代物质充足的环境更应提倡消费者理性消费，追求品质生活，而不是单一追求高消费，使得消费成为生活的负累，这样生活才会越来越轻盈，越来越充实。

三、移动支付下的消费异化

支付方式的变革是人类数字化时代的又一次革命。电子支付方式的出现，使人们的消费方式再次发生了巨大变化。2004 年支付宝推出电子支付方式，2013 年微信发布了微信支付，由此开始，电子支付慢慢渗透到社会生活的每一个角落，支付变得极为便捷，从此人们出门可以不带现金，只需要手机绑定银行卡就可以完成支付。今天，从普通生活到公共服务，所有需要进行支付的地方，几乎都可以由电子支付来完成。电子支付简化了支付手续，给消费者减少了一些负担，同时消费者对其的依赖也促进了电子支付的发展，两者相辅相成，这让我们的生活快速迈向了一个高度数字化的时代。

（一）消费行为的变革

电子移动支付是指移动客户端利用手机等电子产品来进行电子货币支付，电子移动支付是电子支付发展的新阶段。当今社会人们的支付方式经历了从传统的现金支付到储蓄卡支付，再到信用卡支付，再发展到现在的电子移动支付的转变过程。

2004 年支付宝的上线标志着移动支付的崛起。支付宝最初就是为淘宝建立了一个“担保交易”的第三方担保平台，由于有第三方做担保与见证，这就大大降低了网购的交易风险，相当于解决了网购中客户和商家相互信任的问题。支付宝就是解决淘宝网购物的需求和充当网购资金流通的一个工具。而支付宝也是凭借淘宝和天猫两大电商平台，成为网络购物时被广泛应用的电子支付方式。这期间支付宝的移动支付一直在电子支付的市场上独占鳌头，直到 2014 年微信开放支付功能，利用微信的强大普及率实现导流，并利用微信红包吸引用户绑定账号，其在市场上发展迅速，逐渐成为与支付宝齐头并进的两大最主要的移动支付方式，之后又出现了苏宁支付、云闪付等移动支付方式。随着移动支付市场规模的不断扩大，以支付宝、微信支付为代表的移动支付方式正在改变中国人的消费习惯。中国互联网络信息中心发布的第 50 次《中国互联网络发展状况统计报告》数据显示，截至 2022 年 6 月，我国移动支付用户规模达到 9.04 亿，较 2021 年 12 月增长 81 万，网民移动支付的使用比例由 2018 年底的 72.5% 提升至 86.0%。移动支付的出现，颠覆了传统利用纸币进行商品交易的消费习惯，源于在日常生活、民生消费等诸多场景都实现了“无现金，更快捷”的支付方式，移动支付在线下接入了诸如商场、超市、连锁零售行业、便利店、旅游景点、医院、停车场、餐饮等行业，这也意味着越来越多的领域，都在逐步实现“无现金化”。同时中国的移动支付业务也在向海外拓展，在满足中国出境旅游消费者消费的同时，加强对境外用户的拓展。

早就有研究者发现支付领域的变革会对人们的消费行为产生影响。电子移动支付对消费者消费行为机制的影响，首先表现在节约消费者的交易成本。交易成本是诺贝尔经济学奖得主——英国经济学家罗纳德·哈里·科斯提出的理论，原本是用来研究经济组织制度的理论，借用到消费支付领域，是指在交易过程中当事人投入时间、精力及其他开支，从而达成交易所付出的成本代价。消费过程中的交易成本包括时间成本、精力成本和支付成本。据中国支付清算协会《2020 年移动支付用户问卷调查报告》显示，关于用户选择使用移动支付的原因，92.7% 的人认为操作简单方便，67.1% 的人因为无需带现金或银行卡，65.1% 的人认为促销优惠活动多。对于消费者来说，移动支付首先打破了传统支付对于时空的限制，传统支付方式以现金支付为主，需要用户与商户之间面对面进行现金交易，而电子支付使支付可以随时随地进行，不管是近距离支付还是远程支付都方便快捷；其次，无论是在网络上电子支付或者在实体店扫描二维码付款都很便捷，无需携带现金，省去现金保管的烦恼，消费过程中一键转账，无需找零，无需刷卡签字等，省去了传统现金支付或储蓄卡、信用卡支付的烦琐程序，并且可以避免假币问题带来的麻烦。除此之外，移动支付有较高的综合度，其为用户提供了多种不同类型服务，常常还会在成交价基础上享受第三方平台提供的随机立减和鼓励金优惠，就优惠力度而言，微信、支付宝等移动支付竞争商常常提供让人应接不暇的商家优惠，甚至推出系列免单活动，由此消费者通过移动支付降低了支付成本。

其次，电子支付方式会降低人们的流动性约束。流动性约束理论是经济学领域的理论，其含义是指当消费者预期到自己的收入水平或储蓄能力不足或下降时，会约束自己的消费行为，减少消费的支出。当消费者绝对收入很低时，在流动性约束的制约下，消费者只能根据现期的收入与已有的流动性资产（如储蓄存款）来规划消费路径。因此消费与流动性资产具有紧密联系。而当下的支付宝等电子支付方式往往可以自主控制流动性资产，因为它具备了消费信贷功能，如与蚂蚁花呗、借呗、京东白条等绑定，使得消费可以通过借贷定期还款的方式进行，且借贷门槛低，借贷额度在个人享有的额度范围内可自行调整，消费者还可以自主选择分期付款，这一切在提高支付效率的同时，也使得人们的流动性约束降低。相当于平台通过借消费者金钱的方式来减少消费者的流动性资产约束。

再次，电子支付会影响人们心理账户决策。芝加哥大学著名心理学家理查德·塞勒针对消费者的“非理性”消费行为于 1985 年首次提出心理账户理论，心理账户首先是人们在消费决策时，如何评估消费决策的结果；其次，对于资金的来源和使用，人们在心里无意识地把财富划归到不同的账户进行管理，不同的心理账户有不同的记账方式和心理运算规则，心理账户影响着个体的决策。人们在消费时不同的支出类别会有不同的预算。心理账户的分类包括消费账户、财富账户、收入账户，它们存在于人们的心理并对消费产生着影响。这也是为什么电子支付的方式会促进消费者进行消费。因为在现金支付时期，人们消费时直接从钱包里拿出去现金，能感性直观地感觉到现金的减少，从而心理账户会时时提醒人们；而电子支付方式，资金的流出与减少只是以数字的形式出现而瞬间完成，也就是说消费的金额变成了一种符号、数字，同时消费信贷的存在还可以延期还款，因此消费者的心理账户疼痛感减弱。从中可以看出通过移动支付的方式进行支付，不仅仅可以让人减少心理账户的疼痛，同时还会提高消费的便携性，消费变成简简单单，按一下手指就能完成的事情，这在极大程度上起到了刺激消费的作用。

移动支付这样简单便捷的消费方式，在一定程度上便捷了消费者的消费行为，但是同时也存在一定的隐患。一是移动支付的资金安全和个人隐私安全隐患是当前最亟待解决的问题。目前移动支付发展的水平过快，并没有建立一个完整的安全保障体系，因此易受到木马与黑客的攻击。一旦被这些不法分子攻击，除了用户的个人隐私会被泄露外，账号内的资金也有损失的风险。中国支付清算协会《2020年移动支付用户问卷调查报告》中显示，在使用移动支付时79.0%的人担心个人信息被泄露，66.8%的人担心账户资金被盗用，69.7%的人担心手机扫到假的条码，44.6%的人担心付款码被发送给别人。可见移动支付的安全性问题是人们最担心的问题。

二是移动支付的覆盖范围存在局限性。移动支付依赖网络技术的存在而发展，所以虽然目前已经覆盖大部分地区，绝大多数人可以通过移动支付作为主要消费手段，但是即使在各大城市中也还是不能保证普及到每一位市民。这存在两方面的原因，第一方面是消费习惯的问题，我国有着巨大的人口数量，虽然很大一部分消费者已经习惯移动支付带来的便利，但还有一部分消费者保留着传统现金支付的习惯，例如一些人不信任移动支付的方式，往往还会采用现金支付的方式。另外一个方面的原因是移动支付的操作步骤不够简便易学，很多老年人不能熟练掌握。与此同时，移动支付的存在基础是要有网络，在很多偏远山区和农村，网络的覆盖率比较低，移动支付自然也就不能在这些地区达到普及。

三是移动支付对纸币产生影响。纸币是否会被取代，这在移动支付成为人们日常消费的主要方式的过程中，是一直被争论的问题。移动支付在交易过程中使用的是电子货币，取消了传统纸币时代一手交钱一手交货的支付方式。随着这种支付方式的日益普及，越来越多的用户开始使用手机进行移动支付，现如今，移动支付已全面渗入人们的生活当中，在商场超市、街边店铺，甚至移动商贩都可以用移动支付的方式消费，这导致现在的人们已经很少带现金出门，因此纸币的市面流通量一定会随之减少。

随着技术的不断进步，移动支付的手段已经发展到“无感”支付、刷脸支付等。所谓的无感支付、刷脸支付就是可以脱离移动支付依赖手机的这个特性，直接通过消费者自身进行支付。例如在山东高速收费站微信已推出“高速e行”，只要把你的车与微信账户绑定，就可以通过自动识别车牌号，自动在微信账户中扣款，并发送扣费短信。除了高速之外，上海的停车场也实现了车牌自动识别扣费，在杭州，路边停车也可以自动识别扣费了。刷脸支付也开始在一些餐厅、超市、银行、医院启动，不用带现金、银行卡、手机，只要对面部进行识别就可以完成支付。2019 年中国刷脸支付用户达 1.18 亿人，以刷脸支付为代表的新支付方式进一步提高了用户支付效率和安全保障，正从生活场景快速铺开，随着 5G 进入商用时代，刷脸支付有望更加普及。微信支付数据显示，截至 2020 年 6 月，刷脸支付设备较 2019 年 12 月增长了 70%。从数据预测 2022 年中国刷脸支付用户规模将突破 7 亿多。刷脸支付设备在工业场景中的应用也增长非常快。大量设备技术的翻新也就代表着未来的刷脸支付将更稳定，具有更高的识别速度和精度，同时流程更简单，提高了支付效率。无论是现在的移动支付还是未来的刷脸支付都在支付领域掀起了一场革命，这场革命在便捷了人们生活的同时，也在改变着人们的消费习惯和生存方式，使人们向数字化生活的新阶段又迈进了一步。

（二）文化教育消费的变革

随着近几年知识付费经济的崛起，知识经济成为互联网行业的新趋势。知识付费经济标志着文化教育消费的数字化转型，是在移动互联网技术发展到一定阶段，出版行业和在线教育等行业融合的产物。它是通过在线课程、录播视频、直播问答、社群讨论等产品形式，以文字、音频、视频等内容结合的方式，用户通过付费获得优质内容的服务体系。2016 年被称为知识付费元年，大量知识付费类 App 及相关栏目迅速上线，比较有代表性的有音频分享平台“喜马拉雅 FM”、语音问答平台“分答”、知识分享社区“知乎 live”以及知识订阅产品“得到”等，由此带动了越来越多的人选择通过知识付费学习来提升自我，在线购买知识成为一种新的流行消费。

知识付费的蓬勃兴起，究其原因，包括以下几个方面：第一，社会竞争激烈，生存压力大的环境，导致人们学习意愿愈加强烈。越来越多的用户尤其是高消费能力用户希望不断更新知识，以适应快速变化发展的社会环境对自身提出的要求。这种知识付费不同于传统教育的学校，它是利用广阔开放的网络空间所提供的优质、有价值的知识资源进行自我学习的方式，而不单单是在围墙内的传道、授业、解惑，也就是说，学习不再是简单的“你教我学”的单向传授，而变成了“你要我给”的主动需求，通过了解消费者自身所需知识的疑惑，互联网再反馈给消费者相适应的知识内容。第二，随着移动互联网和微媒介的迅速发展，课程的购买和学习都变得快捷、便利。选定课程一键付费，简单方便，利用智能手机就可进行学习，使知识学习变得越来越容易。第三，由于移动互联网的引入，以及微博、微信公众号等平台的广泛应用，人们习惯在移动设备上阅读，习惯于以移动互联网 + 内容为载体以及收听 + 观看的学习模式，所以微媒介平台的付费知识内容易被大家接受。第四，对碎片化时间的有效利用。传统的学习方式往往需要空出大量的时间接受教育，而知识付费的方式可以利用消费者所盈余的碎片时间进行学习，与其将碎片化时间浪费掉，不如利用碎片化时间充实提升自己。第五，随着互联网技术的发展，社会所提供的信息日渐丰富，而所提供的知识内容质量也是参差不齐。花时间去筛选信息，同时也是一个需要花费相当多精力的事情，但是知识付费的筛选模式更能契合自身对优质内容快速摄取的需求，帮助人们节省时间、精力和成本。第六，人们在知识付费中，购买的不一定是知识，也许是为好奇心或焦虑等情绪付费，有人总结其营销策略为“向少年卖希望，向女人卖青春，向老人卖健康，向中产阶级卖焦虑”。这也就是说知识付费提供的不仅仅是消费者所需的用于提升自我的知识，同时也可以是消费者用于缓解自身在寻求人生价值时产生的心理焦虑的“镇定剂”，究其根源也包含着为“精神世界”付费的心理需求。基于上述原因，知识付费产业得以迅速发展，从 2016 年到 2021 年知识付费产业规模持续增长，报告数据显示，中国泛知识付费行业市场规模增速在 2018 年达到 202%，近年来一直维持在 40% 以上的增幅，2021 年市场规模达到 675 亿元左右。

从获取知识的方式来讲，这是购买者可以突破时空的限制来利用手机进行知识付费学习，即利用网络与微媒介平台将不同的知识内容传播到了更广阔的空间进行学习，这种学习方式既促进了知识的传播，又可以让消费者在付费知识中受益，借助付费课程学习，可以提升知识获取的效率和质量，付费课程中整理出的知识点，学习者如果感兴趣还可以自行进一步探索，加深学习。另外知识付费还存在着一个优点，在以往的互联网知识免费的时代，知识的版权意识不强，市面上流通着许多盗版内容，而这种对知识保护机制的缺失会产生知识生产同质化现象，从而降低知识生产的水平，而知识付费的兴起，使得人们逐渐增强知识的版权意识，形成消费者付费获得相应知识的习惯。知识付费的本质是内容消费者为内容生产者付费，使内容生产者通过自己的脑力创作得到收益，这是时代进步的标志。知识付费平台打开了一个新世界，长远来看，有助于形成优质知识生产和变现的正向激励。

知识付费带来的知识商品化，使得知识的获取需要消费者支付相应的酬劳，在一定程度上为知识的版权意识起到了增强作用，但同时从传统知识获取到知识付费，人们的侧重点也发生了一定的转变，从对真理的探寻、精神层面的人格塑造和人文主义素养的提升，到付费时代的知识生产越来越倾向于实用性和效用性，知识的目的、功能都发生了变化。利奥塔在20世纪70年代末就关注到了知识商品化的问题，利奥塔认为知识有两大功能，即知识研究与知识传播功能，但随着科技的发展，知识领域受到了冲击，“机械的迷你化与商品化改变了我们知识获取、分类、供求应用的方式”，“知识的供应者与使用者之间的相互关系，渐渐趋向商品生产者和消费者的供应模态，而且日益强化。它标示着，这一模态将以价值模式为依傍。今后的知识将为销售而生产，或消耗于新知识产品的稳定价格之中”。[①] 由此知识的本质将发生变化，知识不再以知识本身为最高目的，知识失去了它的传统价值。知识本质的转化使得知识成为了一种商品，相对应知识的传播者和接

① 〔法〕弗朗索瓦·利奥塔．后现代状况——关于知识的报告［M］．岛子译．长沙：湖南美术出版社，1996.

受者也从教与学的关系变成了生产者与购买者之间的关系。最后，随着知识付费时代来临，知识的地位也发生了变化。利奥塔在《后现代知识状况中》指出，当知识进入到商品领域，化简为可由机器处理的信息。知识成了商品，它的商品化带来的是启蒙元叙事的消失，这使得人成为了科技的附庸，导致以资本、技术、利润至上的叙事方式的兴起。

知识付费的兴起在一定程度上促进了人们对自我追求的提升，但是同时也存在一定的弊端，从目前线上大量的知识付费课程来看大众付费的知识产品，知识的含量并不高，使得课程所包含的内容文化并不能达到消费者的预期，课后效果无法评估。同时线上知识付费利用的是消费者碎片化的时间，因此它所能占用的时间相当有限，这就导致线上知识付费只能压缩文本和知识，比如一周之内带你读十本书，不过是将一本书的内容简化为几千字的缩略本供人快速阅读，书中鲜活的血肉全部被删掉，只剩下干巴巴的框架和要点，书籍的阅读变成了对纲要的阅读。其次，知识付费除了提供知识，更大程度上是在缓解消费者的焦虑，因此会出现大量推销实用主义成功学的方式来吸引消费者的购买。

互联网时代提供的海量知识促进了知识付费的兴起，这就代表着知识付费并不是因为知识的稀缺，而恰恰是因为低质知识的过剩。这样知识过剩的环境使得人们愿意为知识付费，说明它符合了当下人们的需求，也说明人们获取知识的观念在转变。知识付费作为近几年兴起的新事物，机遇与挑战并存，人们愿意为优质知识付费的这种知识观念的转变在很大程度上，为知识付费的兴起提供了基础，但无论如何，人们愿意为知识付费的原因，归根结底还在于知识的内容是否是优质的，是否是人们所需要的，因此总的来说依旧是“内容质量为王”，这也就代表内容质量的优劣将最终决定知识付费经济的命运和走向。

（三）“网红经济”下的消费霸权

在新媒体大行其道的时代，人们可以说是被屏幕所包围的，而消费主义正是借助了这种屏幕环境，席卷了大众的日常生活。当代社会是一个高度商品化的社会，消费在其中占据着主导地位，在媒介技术和消费主义过度发达的时代，人类自身也被物化为具有符号价值的商品，这一点在当下最突出的表征便是网络红人及其粉丝经济的崛起。正如达文波特提出的“注意力经济”概念，注意力本身便是金钱，只有吸引了群众的注意，才有可能进一步发展群众消费。因此在“流量为王”的互联网时代，“网络红人”便是在这一背景中崛起的一道奇观，它指的不仅仅是本身条件得天独厚的流量明星们，同时还是在网络上被众多网友关注而走红的一群草根人物。近些年，随着社交网络的发展，这一群体如雨后春笋般发展壮大，从早期的芙蓉姐姐、凤姐，到当今的张同学、李子柒、丁真，“网红”这一概念也已不限于人物，而是可以涵盖一切在网络上走红的事物，比如频频出现在网络上的“网红奶茶”“网红餐馆”等。中国社科院于2020年发布的《新媒体蓝皮书：中国新媒体发展报告》中指出，中国的“网红”群体有着越来越职业化和多元化的特征。同时《QQ大数据微报告：95后抖屏择业观大起底》显示，在关于未来的就业选择上，有近六成的受访者表示希望尝试做网红。

网络红人及其粉丝经济的发展使得社会化媒体给人们搭建了一个全新的平台，在这个平台上，每个人都有可能在一夜之间成为明星，正如安迪·霍尔所形容的，“在未来，每个人都能成名十五分钟。”如果说在十年前，人人都有一个“明星梦”，那么在“网红经济”方兴未艾的社交媒体时代，越来越多的年轻人正以“网红”作为目标职业。

在过去报刊、电脑占主流的传统媒体时代，明星的诞生往往是一个复杂的过程，除了自身条件的得天独厚，还需要专业公司的训练和包装，以及一定程度的媒体宣传等。也就是说除了自身条件，还需要一定资本的扶持。而目前的新媒体时代，媒介资源被资本所控制垄断的局面瓦解，人人都能成为媒介网络中的发声源，谁都有可能掌握话语的权力。例如，在抖音这样一个拥有众多用户且高度去中心化的应用中，如果能够吸引更多的播放量和点赞量，在同类型的视频中脱颖而出，就有可能受到系统的青睐，被推荐给大量的用户并得到广泛的关注。这种通过自身的一些特质来吸引观众，而不仅仅是资本的包装模式，这无疑给缺少资本支撑的普通人提供了成为网红的“捷径”。

这种例子并不少见，例如在抖音上依靠短视频走红的抖音红人温婉，她曾发布一个在地下停车场的舞蹈视频，视频在几小时内收获了大量点赞，并登上了抖音的首页推荐。在短短的几天内，视频的播放量更是达到1亿之多，点赞数达到了1000多万，单纯凭自身的一个跳舞视频，便连续几天登上了新浪微博的热搜榜单，甚至在她开通微博后，粉丝数也达到了两百万。或许这背后有一定的资本操纵，但媒介在其中所起到的重要作用毋庸置疑。在新媒体时代，由于传播成本的降低以及传播效率的提升，偶像制造难度相较于以往的传统媒介降低了很多。且由于新媒体的直面对象便是普通人群，因此也出现了许多传统媒介中未曾出现的偶像类型，比如段子手、游戏主播、短视频博主等。在以往传统媒介中，这些新型的偶像类型并不具备资本扶持的“偶像”的各方面特质，他们往往因为某方面突出而被网友关注，也就是说与传统明星相比，更“接地气”，也正是这种“接地气”的风格博得了屏幕前观众的欢心。

随着社交网络而兴起的网红效应，已经逐渐形成了一种稳定的经济文化现象，根据数据显示，2020年的网红经济规模已达3400亿元。随着网红经济产业链的逐渐成形，网红的经济价值在近年来也愈发清晰和凸显。和“网络红人”一并崛起的，便是“网红经济”。如波德里亚所言，消费社会的本质便是对符号的消费，而具有符号价值的网红，正是在这一背景下完成了与消费社会的合谋，他们往往有着良好的外形条件，身着精致的服饰，在精心布置的场景中为粉丝们制造出一种“美”的视觉感受，让人觉得似乎只要购买了图片中的商品，自己也可以成为这种“美”的存在，从而心甘情愿为此买单。顺应着这一趋势，专业的网红孵化公司也应运而生，通过签约普通人并对他们加以包装和营销，在短时间内便能“孵化”出一个在社交网络有数万粉丝的网络红人，继而凭借着在社交媒体、直播等平台积聚的人气，依托庞大的粉丝数量，通过电商等平台，将粉丝转换为购买力，从而将粉丝“变现”。

而这样的网红经济虽然不同于以往传统媒介下的经纪公司的包装，但是也在互联网媒体中衍生出了一系列的技巧。例如在百度上以“涨粉”为关键词进行搜索，扑面而来的是以“涨粉”为营业手段的广告商以及“如何涨粉”的相关文章，在淘宝、抖音、百度贴吧等平台，以“卖粉”“卖赞”为营业手段的商家数不胜数，用户可以用低廉的价格买到大批粉丝和点赞，而除了从商家购买粉丝数之外，许多用户会建立微信群、QQ 群等便于和其他用户随时互赞互粉。

而在“网红”经济发展的同时，在将流量变现的操作过程中，“网红”的粉丝本身也就被物化成了商品，因为其本质在于网络红人所累积的经济资本扩大了拍客们的粉丝号召力。如在抖音 App 中，它向部分认证用户提供了“商品橱窗”的功能，通过这一功能，用户能直达淘宝商品页面进行购买，对于一些用户黏性较大的视频主来说，依靠抖音商品橱窗的引流而达到大额销量并不是难事，比如一位叫“野食小哥”的抖音用户，其作品多为在乡间或森林中以原始天然的方式来获取食材和烹饪食物，其每个视频下方都附上了相应食物的淘宝链接，在他的淘宝店铺中，销量最高的为一款温州特色小吃“猪油渣”，这样将粉丝本身物化成商品的行为，确实在一定程度上提高了购买量。这在商品评论中不难看出，许多买家都表示是因为被视频所吸引从而进行消费行为。但这种变现往往也会引发一些负面评论，例如不少网友在购买猪油渣时对于该商品是工厂批量生产而非视频中展现的手工制作表示明显失望，指出该商品消费了人们对于田园和手工食物的向往。

在个人无意义感越来越突出的现代性背景下，媒介担任起了“专家”的指导角色，人们在抖音上学会了如何吃海底捞，如何去搭讪，如何规划旅游……在追求个性化的当代，媒介却使得人们越来越趋同，并不断以视觉图像刺激受众的消费欲望，成为消费主义的同谋。

（四）主体消费习惯的异化

总的来说，消费取向产生偏差，其实是现代人消费习惯的异化，主要是指当代人的消费习惯与其实际所拥有的消费能力不匹配，因此也出现了许多新型名词，如“新穷人”“无产的中产阶级”“隐形贫困人口”等。克里斯多夫·拉斯奇在描述20世纪70年代西方世界的白领阶层落没时这样写道，“通货膨胀削弱了投资和储蓄，广告减少了人们对负债的恐惧，并鼓励消费者先买后付……未来充满不确定性，那只有傻瓜才不会及时行乐。”在当前的社会中同样的趋势也正在蔓延。“花将来的钱，办当下的事”是这类人群的消费习惯。低收入阶层受高收入阶层的消费模式影响并向其看齐，这是消费主义的诱导性特征。数据显示，支付宝活跃用户高达79629.8万人，其中超过70%的用户都使用过花呗、借呗。此外，又有报告显示，37.4%的90后将花呗作为首选支付方式，在网购、充值、出行等方面优先从花呗扣款，同时截至2016年11月10日花呗用户量已经超过1亿，中国近1.7亿90后中，超过4500万开通了花呗，平均每4个90后就有1个人在用花呗进行信用消费。与此同时，2021年6月，中国人民银行公布了相关数据，数据显示，截至2021年上半年，我国的信用卡跟借贷合一卡的发卡量高达7.9亿张。如果去掉15岁以下和60岁以上的老人，人均卡数达到了0.88张。这相当于每10人中就有8人在使用信用卡。此外，央行数据显示，2022年上半年，我国的信用卡逾期半年未偿还的总金额高达854亿。此外，“校园贷”“裸条贷”等违法放贷理财渠道在现代年轻人消费趋向偏差的大环境下野蛮生长，大学生因为欠下巨额校园贷而走向极端的新闻层出不穷。“花下个月的钱，买这个月的快乐”成为多数年轻人的消费理念。在物欲横流的当下，“量入为出，适度消费”成了一句空头口号。大学生“裸贷”现象也沸沸扬扬、甚嚣尘上。大学生贷款多用于消费手机、电脑、奢侈品和整容，这说明在这些“裸贷”的人心中，拿着身份证拍裸照的耻辱度，是比没有某款手机和包包的耻辱度低的，这是消费取向偏差的极端。因为无论如何，这种尊严底线是文明社会、理性人类的共识，但是在选择“裸贷”的人看来，他们则更倾向于消费品的拥有。

第六章　媒介话语权的变迁和重塑

移动互联网的迅速普及，使得短视频、微信、微博等为代表的社交化新媒体快速崛起，不仅重构了传统政治参与方式，而且创立了一个新的传播舆论环境，进入一个“微政治”时代。纵观国内外近些年来发生的大事件，部分源发酵于新兴媒体等，经过传统媒体的介入，信息外延得到进一步拓宽，不仅可以将事件现场和真正声音全方位、多维度地呈现出来，同时通过微传播沟通、串联的强大力量将事件更加全面地平摊在公众面前。微传播社交文化媒介拥有更多的优势，如更加“生活化、草根化”，且以用户为核心的特点导致其具有高黏度性，如微博、微信等。

一、政治社会化的新型途径

政治社会化是“个体通过多种途径的政治学习与社会实践，形成以社会政治文化为基本特征的政治态度、政治信念、政治准则和政治价值观的过程”。[①] 微传播属于网络媒介的一种，但与其他网络媒介相比，社交属性更加突出，更强调互动性与及时性。不同于以往以传统媒体为中心的信息传播模式，微传播正在悄然改革政治社会化领域。但是依旧有许多人对微传播的政治社会形态表达消极的观点，因为他们认为微传播看似扩大了人际社交网络，但是由于微传播形成的微关系，个人的交际圈子扩张化的同时，还是依照兴趣、爱好、话题的原因集中在了一个个不同的圈子里，虽然这一个个关系圈里的人们可以自由

① 袁振国，朱永新．试谈个体的政治社会化意义及过程［J］．社会学研究，1988（1）：120-126.

交流，但是阻隔了不同声音的介入，客观上屏蔽了理性的思考、深刻的思想和完整的表述。

（一）扩大政治社会化参与

微政治以微传播为途径，使得政治有了更多的传播渠道和形式。微传播提供的时尚社交平台消除了传统公共和私密传播领域的阻碍，人们所拥有的资源共享，没有人拥有特权。每个个体都是庞大网络结构中的一个中心点，接受庞大网络传给他的信息，同时也有可能成为某个范围内的主体，这对社会政治的影响有影响。微传播的结构是依托共同的议题建立起来的，是公民实现知情权、表达权、参与权、监督权的新途径。简而言之，微传播是将权力还给公众，展现了“民治”“民享”的一面。微传播的舆论力量成为公众政治参与、政治诉求、政治表达的标志，正是那些来自微传播上被转发和关注的舆论力量，引起了政府部门的关注，推动了公民政治参与形式的转变，加速了公民社会的成长。公民政治主体身份的转变提高了人们政治参与的兴趣和能力，提升了公民的政治成效感，吸引更多的人进行利益表达、增强了公众政治参与自主性。

微传播作为一种新兴网络社交媒介，在继承了网络的所有特点和优势的同时，还开发出了新的技术功能，这些技术功能有助于青年人在网状的媒介关系中培塑青年人政治态度和行为、传承政治文化，造成两方面的影响，一方面广播、电视、报纸等地位下降，另一方面微博、微信、抖音等使用人群越来越广。根据相关调查显示，2021 年成年人平均每天花 3 个多小时查看智能手机（不包括手机通话），与 2020 年比这一数字上升了 25 分钟，即增长 14.6%。更重要的是，随着媒介融合进程加深、加快，微传播平台的功能也在不断地递进演变，由“2.0 版”到“3.0 版”再到“4.0 版”，每一次“扩版”都是互联网传播逻辑和传播规则的更进一步深度的契合。并且由于青年人越来越频繁地使用微传播来表达情感、传递生活，微传播平台成为青年人生活互动和情感互动的平台，因此微传播的发展和应用也对青年人的思想、生活、学习和交往方式产生较大影响。利用微传播可以减少青年人系统学习标准政治社会化教育的约束和限制，可以自由、自主地选择喜欢的学习方式、方法，还可以利用“微媒体”进行互动交流。微传播的核心是个人网络化，而微博、微信等微媒体的崛起，在一定程度上超越了社会精英的概念，做到了平台真正面向社会每个人。以个人为主体的知识过程的兴起表明，在微传播技术范畴中还“蕴涵着文化交往、人际传播、社会生活方式等多种复杂语境”，丰富的传播元素构建的复合语境满足了青年人碎片化的信息诉求，交互式开放场景为青年人以群体姿态进入个体的精神领域，在特定的交往方式和形态等方面达成不同价值意识、精神信仰、生活方式的交融进而达成理解和共识。微传播对青年人传播心态的无形改变，引发青年人政治社会化表达形式和内容的改变，为青年人政治社会化提供新的契机和途径。

（二）促进政治社会化教育

微传播扁平化的传播结构促进了政治社会化教育向“主体间性”转向。传播结构是社会结构的主要构成因素。相对于以等级为基础，信息从下向上流动，命令从上向下发出的“金字塔”式结构，以个人媒体为代表的扁平化传播结构加快了信息传递速度，大幅度地削减了信息传播的层次、环节和渠道，每一位使用者都拥有更大的自主权，每一位传播对象都是一个传播节点，拥有信息处理、加工的权限，在这样的传播结构中，信息既可以自上向下，也可以自下向上，同时也可以横向延伸，呈现渗透性、无序性、散漫式的信息流动方向，体现了传播主体的关系模式可以生产出社会的话语系统，从而在保持既有关系的基础上建立起新的关系。这种结构在话语的生产过程中决定每一个传播节点都可以是建构意义，他们对“意义”的不同理解和阐释即不同的观点主张是通过自我的内在互动，人与人的，个人与团体或团体与个人的，团体和团体的冲突、碰撞、选择、过滤、提纯后产生的。微传播扁平化的传播结构在政治社会化过程中存在着两种意义形式，一种是“源意义”，即对政治文化事件的客观性意见来源的看法；一种是“文本意义”，即根据“源意义”对政治文化事件的描述和整理。在由“源意义”向“文本意义”转换的过程中，复杂的生产机制和明确的社会因素影响着意义的建构，传播者不再局限于专门从事于政治社会化教育的人，传播的专业门槛降低，任何传播节点都可以参与到信息的传播和制作过程中，传播者与受众间的位置重叠、模糊，人人都是信息的传播者又是信息的接受者，人人都是传播活动的主体，这种交互性的教育方式是政治社会化教育“主体间性”的基础，即在这种教育活动、教育关系中的人，均是主体没有客体。由于主体间性首先涉及的是人的生存本质，反映了自我主体与对象主体的交互活动，因此萨特认为，“人首先是通过自我反思、反省而发现认识自我，在认识自我的同时也发现认识了他人，他人与自我的一样真实性存在，而且我通过他人认为、认识的那个真实性存在的自我在与他人接触后，通过我影响他人及自我来认识、了解并重新发现我自己”，在对自己的了解过程中创造与他人的相互关系，在教育主体资格完全平等的基础上，“反权威”“去中心”，互相尊重、相互促进，不存在任何单边的强势或霸权。各个主体对风险和集体命运的共担凸显地说明，以扁平化传播结构为基础的政治社会化主体间性教育是以当今公共生活为主导的生活样态，体现了“现实说教”与“虚拟重导”的立体融合。

（三）创设政治社会化范式

微传播多重的传播域境创设了政治社会化范式的聚合平台和转换形态。政治社会化传播信息精简化的特征可以从笔记本电脑、PAD、智能手机等便携式传播载体中体现。由于流动的传播时间有限，因此要求将信息分割得细碎而琐屑，要求每一个信息单元内容含量要简洁、精练、主题突出，让人一目了然，即通过浏览就可大致获知要点和主要的内容。信息高速流动的特点催生了新的阅读方式和阅读习惯，使得信息呈现、信息阅读更加灵活、更加及时，针对性和目的性也更强。微传播在政治社会化中信息传播方式、传播内容上的不同，深刻影响当今政治社会化的范式。在微传播环境下，政治社会化时间域境、空间域境、生态域境都出现了重大的变化。

1. 时间域境

微传播的超文本链接在词、短语、图像、声音等文本间建立起了跨越空间位置的限制的连接关系，因此能够影响人们获取信息的思维方式，从而构建了一种更为重要、复杂的叙事层次。这种时间域境的变化主要表现为由传统的线性时间形态转变为非线性时间形态，微传播非线性的时间形态可以丰富青年人的知觉经验，进入到另一层次的生命体验和生活世界中，将过去、现在与将来同时置放于同一时间平台上，通过整体的时间结构设置真实世界生活经验的路径和真实时间经验范本。当过去、现在和将来在当下同时出场时，微传播的传播域境突破了传播主体、文化背景和传统政治社会化的时空限制，通过与虚拟世界的交流和联系，增强了同频事件的“共振效应”“会聚效应”和“放大效应”。这种既作用于物理时间又反作用于物理时间的时间域境，与超文本所生成的意义结构联系在一起，共同参与和介入到政治社会化的个体时间中，促进了个体深层次接受政治社会化理念。

2. 空间域境

微传播可以实现出场但不在场的交往，即缺场交往。所谓缺场交往就是字面意义上的，在交往过程中互动双方均不在场。这种交往方式实质上是对人类社交方式的拓展，也是对人类真实愿望、意愿、本性表达的丰富和发挥，因此缺场空间的自我呈现和形象管理本质上是对在场社交行为的拓展，因此交往效果更为真实、交往行为更为可靠。根据“7/38/55 定律”，视觉、声音和语言决定了人与人之间的沟通，其中视觉成分占 55%，即人们对于一个人的看法主要依赖于外表；声音部分，以及辅助表达方式，如口气、手势等占 38%；谈话的内容，即语言只占到 7%。从定律中说明，人际沟通中外表的吸引力是如此的重要。而缺场交往，恰恰阻隔了这一特性，因此人们通过网络所遭遇的社会情境的发生频率会不断增加，交往行为更带有“本真性”，这种性质就是说人们抛弃了年龄、地位、资历等约束，而是出于对共同兴趣、爱好、偏向等的追求，同时也十分在意自我外表、行为和态度。对自我形象的管理通过借助于各类符号加以完善，达到不同扮演角色的需要，从而达到呈现理想自我的目的。

3. 能力域境

微传播的能力域境即舆论引导力，特指“通过媒介力量影响公众的感知，使一个文化、政治理论和政策得以合法化，并得到认可”。微传播复杂的、多元化的传播环境，打破了旧式简单直线式传播格局，传播者与被传播者二者合为一身的复杂的网络关联提供了广泛的舆论引导的空间、渠道和格局，使得信息的构成要素趋于复杂，信息传播的把关权由专业机构向个体的让渡实质上促进了微传播潜在的舆论引导技术优势。这种看似零散的信息文本、不完整的信息要素、分散的信息视角、多元的信息来源并不掩饰自己的主观倾向，因此必然会产生舆论引导的实际行动。这种行动作用于人们的信息接受过程，将信息中暗含的真实的政治文化属性以潜隐的方式推送给接受者。信息接受的过程也是培养质疑和推理以及理性表达能力的过程，改变政治文化信息传播活动的心态，从而引发政治表达和政治参与形式的改变的过程。生态域境在由现实物理世界和虚拟网络世界构成的微传播世界中，存在着一个动态平衡系统，这个系统由政策环境、资源环境、技术环境和竞争环境构成。在这个系统中，人、媒介、社会、自然四者之间通过物质交换、能量流动和信息交流维持系统的运作与循环。如同其他生态系统一样，媒介生态系统同样应遵循人与自然和谐一体、“同生双赢”的思想，因为“人是伴随着自然界一同发展起来的，同时也是自然界的产物”，所以“我们每走一步都要记住：我们决不能像征服者统治异族人那样支配自然界，决不能像站在自然界之外的人似的去支配自然界。”微传播的生态系统具有两大功能：平衡功能和预警功能。作为现代传播技术的集大成者，微传播的出现并未完全取代传统媒体，也并未完全覆盖先前媒介，而是以共生、共存的状态融入媒介大环境中，不但与先前媒介而且与外部环境相互发生作用，在循环往复中渐变更新，从而引起微传播的自我变形和再生。如微传播生态域境功能图所示，微传播的传播节点是由人构成的，也就是说个人也是微传播的中心，而当微传播的网络连接将众多人群连接成一个整体的时候，信息就会通过N次传播无限制地传播下去，每一个人都会是一个传播节点，事实上也都是一个“危机观测点”。可以从中看出微传播这种传播方式具有触点多、燃点低的特点。而微传播作为接受事实的主渠道对公民政治社会化思想规范的影响，对关键的政治社会化关键观念方面的影响是很难被直接观察到的。这说明，微传播的生态环境其实是建立在社交性组织形式的基础上，人们对信息的关注并不是一开始就表现出来的，而是经历了一个认识、发展、再认识、再发展的波浪式推进过程，从而构建出适宜环境的政治社会化知识基础。

4. 意义建构功能

微传播通过节点在用户间建立起网络状的社会连带空间，连带空间决定着微传播关系模式的构建，意味着微传播融合了意义与关系两大维度，当用户分享、聚合、协作信息并进行传播时，并不仅仅意味着不同个体之间的身份认证，同时这种价值生产还意味着通过深度沟通和双向平等的互动可以拉近不同个体间的社会距离和心理距离，也就是说随着意义的内涵被不同人群不断地解读、阐释、充实，某一局部性的意义可提升、扩大化为代表性、普遍性意义。当它被不同地域、阶层、群体普遍接受后形成的对现有政治、文化体系的情感和态度，又引发了对现有政治文化制度、规范和政治文化行为的评判。在政治社会化过程中，青年人会基于自身的经验和知识对微传播相关政治信息进行选择判断，然后对这些信息进行再加工（添加文字、图片、声视频等）和再传播，不断地进行意义的建构。这种意义的建构过程事实上就是情感和思想的交流过程。

5. 受众赋权功能

所谓赋权（empowerment）是指获得了某种生产、选择和创造的能力，在政治社会化过程中，赋权即是权力的增加与强化。微传播的结构特点改变了传受双方的身份与能力，使得传播客体的相对性与传播主体的绝对性完美融合，使传受双方有机会参与政治信息的制作与传播，在政治传播的过程中产生的差异性作用也会减少。阿尔蒙德认为“民主的能力，与拥有关于政治问题和政治过程的有效信息，与运用这些信息分析问题并且提出影响决策的看法能力有较密切的关系”①。当微传播赋予青年人编织传播结构和使用媒介的能力后，青年人就有能力直接参与到社会话语的生产过程中，在生产的过程中完成符号象征意义构成层面上的社会关系，从而完成社会化方式的更新，而在传统社会，青年人在国家的政治社会生活中的发声渠道相对有限，声量相对较小。微传播打破了社会教化是由特定社会组织向社会个体输送主导社会政治文化的传统过程，将个体内化为权力行使、自我控制和参与实现的形式，在自我建构和主观认同中完成政治价值理论的灌输。微传播实质上是多面向政治教育传输通道，也就是将青年群体的个体生存（微形式）与国家政治形成有机关联。就本质而言，这种关联是一种非制度性的关联，自发、松散、理性与非理性交织并存，是社会关系在微传播空间的反映，也是青年人社会关系在微传播空间中的确认。

6. 信息茧房功能

信息茧房（Information Cocoons）是指在信息传播中，由于公众信息需求有限，公众往往只选择或注意相对有限的信息领域，长此以往，自身信息需求会被束缚于如“蚕茧”一般的“茧房”中。微传播在信息传播、信息接收上展现出的碎片化会造成信息内容、信息数量、信息形式的零散化，以此打造出来的“拟态环境”不利于青年人政治社会教育系统化，当一部分通过意义生产、交换结成的信息消费人群通过符号意义固化而产生的提示环境，并非真实环境的镜子式的再现，这种“象征性的环境”无助于意义价值的提升、联想和认同，因为人人都只接受自己认同的并符合自己态度和倾向的观点，只与社群内或

① 〔美〕阿尔蒙德．公民文化［M］．徐湘林译．北京：东方出版社，2008.

认知那些观点的人接触、交流，社群内出于群体压力等原因，容易在意见方面达成共识、形成统一，相当于将具有相同观点的人缩进同一个房间内，而无法接受到外界的不同反应，同时社群内的人群也排斥那些不符合群体意见的言论，但群体间达成的共识未必是正确的共识，在封闭的“信息茧房”中，由于社群中的多数人认为错误的意见就是正确的意见与真实的表现，这种不断地重复在群体内达成的共识就可能导致“回音室效”。“信息茧房”的出现说明利用微传播，可使社群内沟通更加高效，但社群之间的沟通并不一定比信息匮乏的时代顺畅、有效。由于越来越多的利益群体利用微传播参与政治并试图影响政治运作，实现个人的现实决定，这种带有明显倾向的个体政治社会化，阻碍了不同利益群体的理性政治探讨，站在偏狭立场上的政治对立极易引发群体突破制度边界过多地索求权威性资源和配置性资源。这种政治价值取向如果缺乏引导和梳理，容易被青年人所仿效并运用于现实社会中，严重时也可能会影响到国家政治的稳定。

7. 文化反哺功能

文化反哺是在文化传承中，年长一代向年轻一代学习的文化现象。在国外这种现象又常被定义为“反向社会化”或“后喻文化”。文化反哺功能其实有可能发生在文化传承的任一过程，但在传统社会不具有普遍性和典型意义。只有到了微传播时代，通过微传播关系网络建立的个体关系和社群关系，这种功能才变得具有必然性和普遍性，突出表现为器物选择过程中的代际倾斜。不同的个体和社群在这个社区里自由地交流，表达情感、传递生活、阐述意见、提出疑问，对旧观念、旧思想重新加以改造、理解并利用，在此基础上不断地推出新的观念、新的规则，并对微传播现有的技术基础和技术功能经常表示各种不满以促其完善、更新，使得微传播促进了世界性社区的形成和完善。在这样的环境中，年长者与青年人原本构建的传统的经典主义色彩的传播关系遭到了颠覆、挑战。

（四）政务公开化与权力透明化

1. 政务公开化

政务公开，即政府性行为与公务流程、行政审批与行政许可、行政处罚信息的公开化、透明化，是为了使行使权力者接受监督，使民众能够充分参与行使权利的过程。政务公开是政府尊重人民群众知情权的体现，同时也是普通公民了解、知晓国家重大决策、政府重要事务以及社会上正在发生的与民生紧密相关的重大事件的途径。在移动互联网时代，微媒介平台为实现微政治提供了重要渠道。如政府部门在微媒介平台的政务公开，具体表现有各政府部门开通微信公众号、微博账号、微信小程序、抖音号等，面向公众进行意识形态宣传、简化办事程序、信息公示等。政府门户网站成为信息公开和公民获取政务信息的渠道。各级政府逐渐建立了信息公开工作平台，政府信息公开的范围不断扩大，信息公开渠道多样化和便捷化，开设了网上网下等多种形式的政府信息公开受理和回复渠道。政府信息公开使行政系统透明化，政府政策的决策和执行可以受到群众的监督，权力只有公开运行，才能防止被滥用。从权力行使看，政务公开在很大程度上避免了行政审批的随意性，促使政府工作人员依法行政、公开行政和透明行政。从权力运行看，政务公开使整个行政系统的运行更加透明，使“暗箱操作”“灰色交易”“权力寻租”失去生存空间，使权力的运行在阳光下进行，可以消除腐败滋生的“黑暗”环境，为杜绝腐败和权力的滥用提供预防机制。

通过信息公开透明的政府公开化也是消除谣言和猜疑的有效渠道，一定程度上提升了政府的公信力。同时政务信息的公开透明，有利于第一时间占据舆论主导，有效缓解民众信息焦虑。另外政府部门利用微信小程序用户基数大、推广费用低、开发简单等特点，简化政务服务办事流程。因为微信的社交属性，让小程序可以在同一类群体中自我传播，更增加了政策信息的到达率。另外微媒介还可以加权信息普适普惠的公共服务能力，可以使多方力量参与凝聚，共构全新的政务处理数字化、移动化，使微媒介所惠及人群范围不断扩大。

2. 公权力透明化

公权力是指国家或地区为生产、分配和供给公共物品和公共服务（制度、安全、秩序、社会基础设施等），促进、维护和实现社会公平正义，而对该国家或地区成员进行组织指挥、管理，对该国家或地区事务进行决策、立法和执行的权力。传统媒介主导时代，大众只能通过电视、报纸、广播等主流媒体了解各类政治事件和权力运行，虽然是直观报道，但是公众与公权之间依旧隔着重重高山。随着网络和微媒介时代的到来，各类信息获取日益便捷化，信息渠道也越来越多元化，从前离大众比较遥远的政治事件似乎近在咫尺，每天在微信、微博等各种微媒介渠道都可以接触到除了主流权威媒体之外的自媒体和个人微媒介发布的各类信息，同时人们可以通过这些微媒介传达自己的欲求和呼声，随着政府对民生及其相关问题的关注，似乎每一个平凡的个体都可以参与其中，成为“政治人”。微媒介成为公民个人收集、发布和传播信息活动的重要渠道，由此直接导致对公权力认知方式的变化。传统媒介时代，因为信息的极不对称，存在信息公开质量较低，公开不全面、不及时，信息隐瞒等问题，造成人们无法真正了解公权力的使用内幕。微传播时代，人们不仅可以通过网络针对公权力使用发表意见、提出质疑，共同关心公权力使用不规范、不合法等问题，在网络上展开讨论，使其快速扩展到更大的范围，因为某些议题来自广大网民，常常是受到普遍关注的问题，传播速度也会更快。很多时候，因为传统媒体讨论的很多话题，不是自下而上形成的百姓关注的问题，使得权力的使用处于网民的强大监督之下。在传统媒体时代，网民们并不关心主流媒体在讨论什么，因为在他们的视角，这不过是自上而下安排下来的例行任务。而在微媒体时代，网民的信息收集、发布和评论活动，使网络之上的公权力透明化的呼声越来越高，因此在某种程度上，微媒介对于推动公权力透明化、政治民主化进程起到一定积极作用，对于公权力运行的规范化、制度化、法制化起到一定监督作用。

2020年1月29日，在新型冠状病毒肺炎疫情蔓延之下，武汉开工建造雷神山、火神山两所小汤山模式临时疫情救治医院，央视频移动客户端联合中国移动5G网络，24小时实时直播医院建造整个过程，三千多万网友在线围观“直播建医院”，身处“禁足假期”的千万网友共同观看了工地施工情况，实时监督施工进展，这一行为被戏称为是“云监工”。微传播提供的平台，使得网民不仅是声援者和旁观者，而是成为了参与者和监督者，此番大型围观，提供了一个堪称完美的虚拟相共空间。三千多万人观看直播造医院，此行为背后折射出的是透明化可追踪的国家政策和中国式的高效建设能力。

随着公众对于公权力透明化诉求的高涨，“微”政治时代要面对的另一个重要问题是对社会情绪的管理问题。随着网络的不断发展，微媒介倾听大众呼声的作用与功能日益强大，万千大众拥有了传统媒介时期不具有的宣泄和倾诉的渠道之后，网络和微媒介成为公众情绪发声与宣泄之地。应对和解决“微”政治时代出现的问题，特别是实现对社会情绪的有效管理，决不能仅局限于“微”政治的微层面，也不能寄希望于单一而具体的某项政策，要建立稳定顺畅的政治沟通渠道，当代微媒介的作用不可小视，它不仅可以连接民众情绪与政府，还有助于满足民众作为社会人或政治人表达和释放激情的渴望，从而成为沟通上层与下层，解决相关问题的重要渠道。

二、新型社会控制方式

随着微媒介影响力的日益扩大，微媒介正在成为一种新型的社会控制手段，即通过微媒介对社会实施干预、引导和监督。随着微媒介技术的日益提升，利用微媒介进行的权力强化也在加强，权力对于人的控制能力也因为微媒介的使用而变得愈加隐蔽、高效，并由此形成新型的社会控制方式。

（一）全景敞视机制

当下对社会最直接的控制是公共空间中遍布大街小巷及各个角落的摄像监控系统，这种监控系统在预防犯罪和协助侦破案件方面确实起了很大的积极作用，但同时也将公民行为置于严格监控之下，不过这样的系统也带来了侵犯个人隐私的争议。这种摄像头监控系统体现了福柯关于社会处于权力无所不在的全景敞视机制的思想。当然社会监控系统并不仅仅指摄像头的监控，还有无处不在的高科技监控体系，包括公民个人信息的收集，对网络、手机等各种媒体活动行为的监控等。这些权力监管和控制需要借助高科技手段来实现，它们共同构成了权力对社会的控制体系。

福柯在《规训与惩戒》一书中阐释了西方现代社会的所谓“全景敞视主义”，这种权力控制方式主要来自对环形监狱的设计，这个监狱的构造是“四周是一个环形建筑，中心是一座瞭望塔，瞭望塔有一圈大窗户，对着环形建筑。环形建筑被分成许多小囚室，每个囚室都贯穿建筑物的横切面。各囚室都有两个窗户，一个对着里面，与塔的窗户相对，另一个对着外面，能使光亮从囚室的一端照到另一端。然后，所需要的就是在中心瞭望塔安排一名监督者，在每个囚室关进一个疯人或一个病人，一个罪犯，一个工人，一个学生。通过逆光效果，人们可以从瞭望塔的与光源恰好相反的角度，观察四周囚室里被囚禁者的小人影。”① 在这种监视之下，既可以监控所有人的活动，同时被监视者知道有人在监视，却又看不到监视者。一旦形成这种看与被看的关系，环形监狱便形成了一种权力机制，监视与控制形成了一种心理上的威慑力量，在被监视者心理上形成了随时被监视的心理意识，最终成为约束自己行为的最有力的力量。

有研究者还总结了微媒介对社会的控制形式包含的四种形式：数据控制、隐喻控制、舆论控制和美感控制。微媒介对数据的控制主要是

---

① 〔法〕米歇尔·福柯．规训与惩罚［M］．刘北成、杨远婴译．上海：生活·读书·新知三联书店，2007.

体现在对后台数据的掌控，从而实施对社会舆论的监督、控制与引导。具体来说，微媒介是通过后台的“直觉数据”编码实施的社会控制。所谓直觉数据是指技术集成的后台虚拟系统，它是微媒介虚拟图文表达的关键技术。在网络虚拟文化占主导的时代传统“规训社会”的社会控制方法已失去了话语秩序与权力空间，发展到微媒介时代，借助互联网数据，通过网络空间进行的“虚拟主义控制”已成为社会控制的大势所趋。在隐喻控制层面，微媒介通过借助传播内容的隐喻性叙事，间接地成为“社会暗示”控制的一种手段。在对微媒介内容的规训与引导中，影像、叙事主体、叙事策略、叙事主题都成为微叙事隐喻控制的载体与操作变量，如在微信、微博、微视频等微媒介平台对主流叙事的张扬，进而暗示和引导人们在社会生活中的态度和立场。微媒介的舆论控制，主要体现在对舆论的监督和引导，因为互联网具有匿名性、及时性，传播速度快、范围广等特点，对舆论的监督、控制和引导都提出了挑战。媒介历来都是权力控制的工具，无论传统媒介还是新兴媒介，都成为传播权力意志的重要手段。“沉默的螺旋”理论指出在大众舆论场域之中，“意见气候”可以起到引导舆论的作用，由此可以实现制约与控制。媒介可以通过对信息加工、处理，再进行传播，由此形成对某个社会问题或焦点问题的“公众意见”，“公众意见”往往可以对社会成员起到引领作用，可以在精神上和思想上约束和规范社会成员，从而达到影响、操纵和控制社会公众的目的，这便是媒介权力的运作过程。在这个过程中，媒介权力需要借助“公众意见”形成对社会公众的“动能”影响和作用，进而完成整个过程。而这种对社会公众产生普遍约束力和引导力的“公众意见”，实际上就是一种公共权力。微媒介中“意见领袖”的言论对于舆论导向往往具有重要作用，当这种言论被反复点赞、转发，就会形成网络空间舆论场域的“舆论气候”或“意见气候”，微媒介的出现，因其即时性，传播的广泛性，转发的便捷性，在某种程度上使得“公共意见”的传播更加方便，从而形成了新的媒介霸权，成为社会控制的新形式。

（二）非权力与反权力监控

数字媒介高度发达的现在，每个人都成为了监视他人的监视者，微媒介为其提供了各种平台，如手机摄录、行车记录仪、摄像头手机App监控、门铃猫眼手机App监控等，同时，除了公共场合的摄像头监控，每个人手里的微媒介也成为了移动摄录设备，这些摄入设备与网络相连时，被摄入的对象随时随地都有可能被曝光在万众瞩目之下。福柯所说的全景敞视机制在当代已成为一种普遍的权力博弈和较量的机制，但是，与福柯的全景监狱不同的是，当今社会，无论掌权者还是普通百姓都已经身处于由微媒介编织建立起来的、无处不在的全景敞视之中，也就是说，当下社会有权力者还是无权力者都成为他人监视的对象。一方面权力掌握者作为全景监狱的监督者会利用高科技手段维系权力格局和既定社会秩序，严格地将人们的行为规训为合法行为。另一方面，这些权力掌握者也同样受到微媒介的监控，人们可以利用各种微媒介记录权力拥有者的不法行为，并将之行为公布于网络之上。随着微媒介的普及和网民数量的迅猛增长，使这种网络监督无时不在、无处不在，近年来的腐败官员的落马落网就是通过无数民众的网络监督完成的。在微媒介盛行的时代，每个人都不可避免地处于权力监控和非权力与反权力的监督之中，由此共同构筑了覆盖全社会的控制机制。虽然是“路漫漫其修远兮”，但微媒介的监控依旧是积极的力量，不论是对权力的监督，还是推进民主化进程。

（三）“后真相”时代与“无影灯效应”

微媒介时代，使得信息沟通变得便捷，舆论导向变得重要。但是在这样的时代，人们似乎陷入了一个怪圈，每天对着铺天盖地的推送消息觉得自己好像无所不知，也好像一无所知。一种言论刚出现便获得疯狂转发，但很快就有另一种完全相反的言论将其颠覆，然后是各种辟谣、剧情反转。在信息大爆炸的今天，纷繁复杂的各类事件层出不穷，让人目不暇接，每一方都坚称自己所说的是真相，同一事件拥有不同的“真相”，网络上常常充斥着多种版本的“真相”。“后真相”一词原本是政治学用语，用来形容政客为了获得选举的成功而一味迎合大众的喜好与心理，从大众喜好角度制造真假新闻，用以攻击竞争对手进而获得大众同情和支持。在传播学领域，“后真相”主要用以形容舆论生态的异常，表述的是媒体传播并非对新闻和事实进行完整地呈现，而是依靠煽动情感、强化偏见、迎合情绪的方式传播符合受众主观认知但偏离事件真相的内容，从而达到某种目的，其对大众所产生的影响力超过了客观事实本身，人们只在意迎合大众情绪，吸引大众眼球，客观事实与理性思考被抛掷一旁。

在这样的“后真相”时代，网络上各种信息鱼龙混杂、真假难辨，不少媒体平台为了追求商业利润最大化，使用虚假信息，来博大众眼球，吸引阅读，致使各种所谓“真相”充斥。进入到微媒介时代，除了媒体平台的发声，每个个体都可以成为信息发布的源头，每个人都可以参与到对事件的讨论之中，每个人都可以发表自己的观点，因此使得网络成为众声喧哗的舞台。北京师范大学喻国明认为，人们在微媒介平台对一个事件进行讨论的过程中，每一个人都从自己的角度和思维方式出发看待问题，因此观点都难免有不全面之处，就好比每一盏灯都会产生阴影。但是，如果汇聚所有知情人的观点，把这些观点放在一起来看，那这些观点就会形成互相补充、互相纠正的关系，真相也就会在这个过程中呈现。这就是当无数人的资讯、意见集中到一起，它所构成的总体就能形成一种“无影灯”效应，便可以使真相显露、使真理脱颖而出。

“无影灯”效应意在强调对公共事件讨论的平等参与，主张让大众从不同角度、不同层面参与进对公共事件的谈论中，这样当越来越多的人都从不同角度参与到对事件的讨论中来的时候，开放的话语会形成的角力场。它使得事件更加接近事实，使之真相慢慢呈现。对于形成“无影灯效应”，喻国明进一步指出需要满足以下条件:“一是足够数量的人群对事件的关注。这是参与公共事务讨论的必要条件，没有人关注、没有人参与，就等于没有光源，无影灯自然也无从谈起；二是参与人群需要从不同角度、层次发言。参与事件讨论的民众要能够从不同角度出发，全方位地看待问题、最大程度消除盲区；三是讨论者需要有自由的发言环境。民众要能够正常表达观点，不要在讨论过程中刻意隐瞒、屏蔽，让信息通畅流通，才能相互补充、纠错；四是需要有统一的平台、时间对同一事务进行讨论。如果讨论各方没有一个很好的汇集平台，不能及时反映，所谈论的不是一件事，自然不能形成有效的讨论；五是随着相关互联网法律法规的出台，政府权威机构及公安机关的介入，会使得事件的真相更迅速地呈现，事件得到更有效地解决。”①

关于肺炎疫情进展、防疫物资分配等问题，在微信、微博上引起大众的广泛关注，不同网友从纷杂的、说法不一的各方信息和数据中，从多角度、多侧面质疑和监督，将各方事态发展持续不断地呈现在大众眼前。在网络信息高度透明，信息快速传播的当今时代，那些故意歪曲、隐瞒、推脱者，最终成为网络上的“裸奔者”。

但“无影灯效应”的实现也并非那么容易，理论上它是利用网络的开放性、透明性、大众的广泛参与性等特点，达到网络信息的“自净”功能，而现实中，并非总是理想化的状态。“如何看待微媒介环境？”网络中流传着各种不同声音，在这个问题上，我们应该明白，网络舆论不是一条新闻、一篇公众号文章、一种观点来构建的，而是在人们形成的整体意见中，通过不同意见的碰撞交锋揭示真相。因此当出现一些带有偏激性或谬误性的言论时，不妨让这些言论在网络上“飞一会儿”，当然不是要支持这种谬误信息，而是要让微媒介的自净机制发挥作用，让各种信息经历“大浪淘沙”“去伪存真”的过程。要进一步增强微媒介的自净化功能，就需要让“无影灯”发挥效应的基本条件得到保障，“无影灯”发挥作用的基础是大多数人对同一事件能够从不同角度进行自由的解读和发表意见，哪怕这种意见不一定正确，甚至是带有一定程度的局限和偏见。另一方面同样重要之处在于官方要秉持更加自信和宽容的态度，给信息自由流动以时间和空间，让网民

① 喻国明. 解读新媒体的几个关键词［J］. 广告大观（媒介版），2006（05）：12-15.

能可以自由地表达意见、发表观点，有了多种声音、多种观点的交汇，才会使“无影灯效应”和媒介的自净化机制发挥作用。

未来随着大数据、人工智能等新技术运用到对网络信息的甄别判断之中，网络“无影灯效应”将进一步发挥作用。比如，通过大数据技术可以创建大型共享谣言素材数据库，从而通过数据库进行辟谣。再如依靠人工智能技术，对敏感词、标题党和虚假信息进行技术性拦截，可大量节约社会资本。2019 年 4 月，某互联网公司发布“AI 谣言粉碎机”。据悉，目前这款人工智能程序能够利用大数据甄别技术，在特定场景中对网络谣言和假新闻进行识别，其识别的准确率已经高达 81%，这种人工智能程序的出现和应用将使得网络谣言的破除和真相的呈现更加智能化。

三、媒介话语权重塑

微媒介时代，新媒体平台快速发展，为更多群体提供了自由发声的机会，从微信、微博到微视频、直播平台的崛起，网民从沉默的大多数到人人都有麦克风，这是一个给普通个体不断赋权的过程。微媒介带来了一种解放，但实际上也制造了一种控制，这预示了一种潜在的民主，剥夺了某些自由的民主，可以说既展开了一个新的地平线，又限定了新的活动区域。“如果技术于西方只是改变一种个人的生活和人际交往方式，那对于中国而言，技术改变的则是人的社会存在状态、价值和意义。[①]”尼葛洛庞帝在《数字化生存》一书中指出，数字化生存将出现 4 个改变人类生活结构的特征：分散权力、全球化、追求和谐与赋予权力。在尼葛洛庞帝看来，在网络出现之后，带来网络的自由和赛博空间，这有利于对权力和等级制度的消解。尼葛洛庞帝说：“民族国家的许多价值观将会改变，让位于大大小小的电子社区的价值观。”因此尼葛洛庞帝宣称自己是个乐观主义者。

① 〔美〕尼古拉·尼葛洛庞帝．数字化生存［M］．胡泳、范海燕译．海口：海南出版社，1997.

权利平等成为电脑网络空间最基本的精神，在《千年警醒：信息化与知识经济》书中提到，我们正在创造一个所有人都可以自由进入的新世界，在这个独立的电脑网络空间中，人们可以自由地发表观点，不会由于种族经济实力、军事力量或者出生地的不同，而产生任何特权或偏见，在这里每一个人都可能成为中心，因此人与人之间也趋于平等，不再受等级制度的控制，因此集权在网络空间中被消解，网络使权力趋于分散，带来更多的民主。

（一）网络舆情与大众信任危机

网络舆情通常是指互联网上传播的，社会公众对某一“热点”问题所表现的有一定影响力、带有倾向性的意见或者言论的情况。网络舆情的发生、发展、消散的过程，实际上是网络参与者对事件的意见态度的映射。

随着微媒介的兴起，人们可以越来越便捷地了解公共事件的发生发展过程，所谓群众的眼睛是雪亮的，广大网友汇聚起无所不在的强大力量，因此让公共事件中的隐瞒、欺骗、歪曲等现象原形毕露，对于那些以欺骗手段来博得大众信任的组织、机构或事件，必将在真相揭露之后，产生信任危机，甚至彻底失去大众的信任。

（二）“乌合之众”与“羊群效应”

在网络世界中，网民是一个由个体组成的庞大群体，截至 2021 年 6 月，我国网民规模达 10.11 亿，较 2020 年 12 月增长 2175 万，互联网普及率达 71.6%。当一个网络事件发生，庞大数量的网民便会以泰山压顶之势，在网络上形成舆论风暴。法国社会心理学家、社会学家、群体心理学创始人古斯塔夫·勒庞在《乌合之众》中认为人群集结时的行为本质上不同于人的个体行为，当个人是孤立的个体时，他有着自己鲜明的个性化特征，而当这个人融入了群体，他的所有个性都会被这个群体所淹没，他的思想立刻就会被群体思想所取代。勒庞将群体指认为“无名氏”，他认为群体具有易冲动、易急躁、易变的特征，同时他们易受暗示、易轻信他人，并且具有异常偏执、高道德感等特征，在网络上形成所谓的道德绑架便是例证。群体往往不善于思考，他们只会单纯认定一种真理或谬误。当个体累积在一起，就会形成群体意识，个体受群体意识和无意识影响，个人意识会在群体中不断缺失，这样一种有意识人格的消失，无意识人格的得势，会让人完全服从于使之有意识人格消失的人，甚至在暗示下做出一些有违常理或者与自我性格矛盾的事情。群体性事件中的“乌合之众”，行为与思想往往带有传染性，当群体中的个人被带入到某种状态，便非常容易受到暗示和轻信，使自我失去独立的人格意识，“通过暗示和相互传染的作用，人的思想和感情会向着一个共同的方向发展，并且会将这种暗示的观念转化成行动”[①]。也就是说，一个事件一旦在群体中形成某种趋势，人们便倾向于不假思索地接受，并同化人们的集体行为，且不加以理性的分辨。群体事件中的大众，当处于事件裹挟的情绪之中，就会失去辨别能力，因而无法判定事情的真伪，许多经不起推敲的观点，因而能轻而易举地得到普遍的赞同。

2020年初，肺炎疫情传播之时，谣言满天飞，大众被焦虑、恐慌等群体情绪裹挟，缺少基本的判断，更无需说求证，因此很多人不加分辨信息的内容便疯狂复制转发。当网络上有关双黄连能抑制病毒的新闻一出，5分钟之内，全网双黄连口服液脱销，在抢购大潮中，有人最后发现自己抢到的竟是兽用的双黄连，更可笑的是，连一款叫双黄莲蓉的月饼也有人抢。随后腾讯医典医学团队指出，尚无有力证据证明双黄连对新型冠状病毒有疗效。在群体情绪的带动之下，人们容易失去基本的理性分析和判断。

在群体性事件中，“乌合之众”由于人多势众，群体中的个人就会产生一种力量无穷大、不可战胜的幻觉，好像无所不能，对于乌合之众而言，数量就是正义，他们觉得只要人多势众，就能达到自己的目

---

① 〔法〕古斯塔夫·勒庞．乌合之众［M］．亦言译．北京：中国友谊出版公司，2019.

的。在武汉疫情暴发之后，全国延长春节假期，网络上有个别网友晒出自家房东减免房租的截图，于是在网上就出现了一种帖子，大意是“转发！给我免房租！房东免租进行中！”，微信公众号上“在看”数超过5万，阅读量超千万，微博上几万人转发点赞，参与人数之多让人惊讶，仿佛人多势众就能让所有房东给租客减免房租，而事实是不是每一个房东都是有钱人，大部分房东要靠房租还房贷。失去理性思考的“乌合之众”群体不仅冲动，而且有些野蛮，他们不准备承认，在自己的愿望和实现愿望之间有着不可跨越的障碍，只是因为数量上的强大使他们感觉自己势不可挡。群体盲从意识会淹没个体的理性，个体一旦将自己归入到群体之中，其原本独立的理性就会被群体的无知疯狂所淹没。

网络世界的信息交流具有开放性特征，人们凭借虚拟身份就某一话题发表言论，在网络上自发形成志同道合的群体，在信息的选择、是非的判定上对本群体高度依赖，从而产生“羊群效应”。“羊群效应”也称为“从众效应”，是指人们由于受到多数人潜移默化地影响，思想和行为上最终愈渐趋同。而在网络舆情中起“羊头作用”的往往是意见领袖，他们可能是事件的知情者，可能是观点鲜明、激进的受追捧者，可能是论坛的版主或是管理员，甚至有些是以商业为目的的传播者。他们的观点开始占据上风，影响更多“无知”的网民，潜移默化地将他们吸引到自己的队列中来，进一步扩大事件的影响力。普通网民一般会选择跟进当时流行的观点与行为，他们并不需要自己站出来，他们也无法在茫茫的网民大海中站出来。这种后来者趋向跟从的模式，就是一种从众行为，更精确一些，是网络从众行为，这种“羊群效应”形成的从众心理使得人们在网络世界易于盲从而失去判断。

（三）“沉默的螺旋”的回归

从传统媒介时代到网络媒介时代，进而发展到微媒介时代，经历了一个“沉默的螺旋”—“反沉默的螺旋”—“双螺旋”—回归“沉默的螺旋”的演变过程。

“沉默的螺旋”理论是由德国社会学家伊丽莎白·诺尔诺依曼于最先提出的。理论主要观点是，当出现有争议的议题，人们在表达自己的观点和看法时，会首先对自己所处的意见环境进行观察，形成有关自己周围“意见气候”的认识，同时判断自己的意见是否属于“多数意见”，当看到自己的观点属于“多数意见”或处于“优势”的时候，则会参与进来，积极大胆地表达这种意见，从而使这类观点越来越强势，占据主导；而当发觉自己的观点属于“少数意见”或处于“劣势”的时候，则会屈于意见环境的压力转而保持沉默。一方意见的沉默造成另一方意见的增势，便形成占“优势”地位的意见越来越强大，而越是保持沉默的一方，越觉得自己的观点不被接受，他们就越来越沉默。如此反复，产生优势意见的一方越来越强，而持“少数意见”或“劣势”地位的人发出的声音越来越弱小，从而演变成越来越沉默的螺旋式发展过程。

“沉默的螺旋”理论前提主要有两点：社会孤立动机的存在和优势意见的大胆表达。在“沉默的螺旋”中，少数意见或处于“劣势”地位的群体在面对大多数意见而变得沉默时，主要是因为这部分人担心由于单独持有某些观点和态度而被群体孤立的情况，出于害怕孤立的心理，便不太愿意表达自己的观点。诺依曼教授认为，少数群体越是不敢表达，占支配地位的意见就会愈加得势，获得越来越多的支持，而另一方则会越来越沉默。这样，不断把一种意见确立为主要的意见，形成一方表述而另一方沉默的倾向，于是便开始了一个螺旋过程。同时，如果大众媒介加入参与这个过程，则螺旋往往会形成得更快、也会更明显。

因为网络传播的虚拟性、匿名性、去中心化、远距离性、多元化等特性，使得网络的舆论环境与现实生活产生很大不同，“沉默的螺旋”理论中的“惧怕孤独”“从众心理”等因素随着网络环境的出现而发生了改变，对人们发表言论的心理和行为也产生了颠覆性的影响，由此出现了“反沉默的螺旋”。网络虚拟空间与现实社会空间有着极大不同，在网络空间中，由于匿名的存在，人的心理状态更接近“本我”，在传统社会环境中的恐惧心理也会因网络的匿名而被一种“无所谓”的心理代替，所以人们可以不必在意别人的观点，而敢于大胆发表自己的意见。在网络上，因为争议事件的群体性讨论，所以受众往往不需要对自己的言行负责，也使得人们从畏惧的心理中解脱。传统现实社会环境中，人们往往因为对孤独的惧怕而产生从众心理，进而附和主流观点，这种倾向在生活圈子越小的范围内表现出得越强烈，因为这时人一旦在意见上陷入孤立，往往在其他方面也意味着陷入孤独。但是，当进入网络社会，人们的交往范围随着网络空间的拓展而得到扩展时，人们在网络空间的意见表达便不再受地域空间的影响，因此在网络世界也就不必陷入与被现实社会身边的群体孤立一样的恐惧。在网络世界，一方面人们多是匿名存在，彼此并不知道意见发表者的真实身份。另外，即使意见不合，也不必害怕被孤立，因为网络上消除孤独的方式多种多样，如果因意见不同，导致在网上得不到某个社群的认同，人们大可以转向其他社群。在网络上，人们往往不需要通过消极的从众措施保护自己，而是可以主动积极地寻找意见一致的同盟者。但是又会出现受众对网上意见的认知偏差，这种偏差有时候比在现实社会中更大，原因在网络上，人们通常愿意与自己意见相同的人集结在一起，共同讨论问题，因而会在某种程度上将自己群体的意见视为大多数人的意见。此外，网络的开放性使得人们可以自由发表言论，因此网络时代也是一个尊重个体言论的时代，它为人们自我意见的表达与个性的张扬提供了条件，所以相对来说，传统惧怕孤独、从众心理等现象会表现得更弱一些，在网络虚拟空间，人们不再因为害怕孤立而选择沉默，而是敢于公开发表自己的言论和主张，这种现象被称为“反沉默的螺旋”。

进入互联网时代，传统媒体也积极与网络融合，借助网络媒介的传播特性和自身丰富的经验及资源，在弘扬主流价值观，传播权威信息等方面形成了自己的“意见优势”，通过自上而下的传播，得到了受众的认同，传统媒体的声音成为占据舆论主导的“优势意见”，因此形成了一条“沉默的螺旋”。后者则是随着新兴媒介的发展与变革，受众个体借助新兴的媒体平台积极发表对热点事件的观点，主动参与到舆论事件的讨论中，为自己的意见发表和利益诉求寻找到新的传达渠道，微媒介和自媒体的兴起激发了受众的参与意识，改变了受众对传统媒介的依赖，使得基层民众的声音更容易汇聚和传播。新媒体平台的平民性、草根性特点，使得这些平台更容易吸引拥有相同观点和心理倾向的个体，使得他们可以在意见倾向上达成一致，彼此抱团前行。新媒体语境下的个体以及由这些个体形成的群体大多倾向从自我诉求出发思考问题，往往容易带有一定感情色彩，常以批判和反思的形象出现，因此在这些新兴媒介平台上形成一种自下而上的传播，这样就形成了所谓的“双螺旋”。

随着微媒介的崛起，微媒介时代又重新回归“沉默的螺旋”。原因之一，是互联网初期利用网络的匿名特点。人们在网络上发表言论时，人们很难知道发言者的真实身份，因此在网络的掩盖下，人们敢于发表自己的言论。而微信关联着用户的手机号，而微信上的大部分都是亲朋好友、同学、同事等，微博也很容易确认身份信息，因此微媒介相对于传统互联网时代的社区、论坛、帖子等的匿名性相比，具有了确定性，每个个体对应相应的微信号或微博号，因此微媒介很容易就将个体的真实身份暴露于网络之上，微媒介中的个体和现实之间有着紧密的联系，由此在某种程度上微媒介使网络个体重新回归现实所指，人们重新被“孤立恐惧”心理或其他心理恐惧因素占据，而保持沉默。另一方面随着网络的发展，网络立法、执法以及对网络言论的监控也进一步加强，不合时宜的个别言论很快就会被“和谐”掉，缺少了互联网发展初期百花齐放的土壤，人们发声意愿越来越小，由此人们逐步回归“沉默的螺旋”。

第七章　审美方式的嬗变和重构

人类通过视觉、听觉、触觉、味觉和嗅觉来感知世界或是接受外界信息，这些感知方式能够帮助人们多维度地、立体化地识别所生存的环境，建立对世界的认识。正如马克思所说："人以一种全面的方式……占有自己的全面的本质。人同世界的任何一种人的关系——视觉、听觉、嗅觉、味觉、触觉、思维、直观、感觉、愿望、活动、爱——总之，他的个体的一切器官……通过自己的对象性关系，即通过自己同对象的关系而占有对象。"人与宇宙万物的感性存在方式以及人相对于宇宙万物的这种直观面对式的存在特点，决定了人无法离开感性世界去谈生存和发展。离开感性世界，人既无以得生，也无以得存，更无以得到发展，人需要在感知经验的基础之上，去获得一切情感、理性和智慧。《理解媒介》一文中，作者麦克卢汉指出，不同的媒介通过改变人的感知比率而对人产生作用。他曾说，媒介技术对人的影响"不是发生在意见和观念的层面上，而是要坚定不移、不可抗拒地改变人的感官比率和感知模式"[①]。对于媒介使用何种方式从而起到改变人的感知比率的作用，麦克卢汉进一步解释说："任何媒介对个人和社会的任何影响，都是由于新的尺度产生的；我们的任何一种延伸（或任何一种新的技术），都要在我们的事务中引进一种新的尺度。"这里的感知比率可简单指人认知世界的感知尺度和感知方式。新的媒介出现以后，媒介对感知比率的改变产生对感知产生影响的"新的尺度"，即不同的媒介有不同的感知世界的方法和模式，新的媒介创造出的新模式会直接影响人类对世界的感知，进一步影响到人们的审美方式。

① 〔加〕麦克卢汉．理解媒介：论人的延伸［M］．何道宽译．南京：凤凰出版传媒集团，译林出版社，2011.

一、基于审美经验的媒介变革再梳理

从口语、文字、印刷、电子时代走到移动互联网时代，人类传播媒介演进中的审美变迁都在社会文化范围内产生了巨大的影响，与其相伴随的审美经验经历了静观、震惊、介入三次转折，从纸媒时代、电子时代到第五媒体时代，无论在比特之城抑或未来伊托邦，不同审美经验所带来的审美经验变化都是在媒介促动下完成。

（一）纸媒时代的静观

文字发明之前，人类生活在声觉空间。声觉空间无边际、无定向、无地平线，寓于隐秘的心灵和情感之中，依靠原始的直觉，受恐惧制约，而言语是这种空间沼泽的社会导航图，使文明周期得以展开。柏拉图的《斐德若篇》在面对“文字”的冲击力时的表达略显复杂，苏格拉底谈及对书写的抱怨，它不能激起反应、割裂了记忆、破坏了对话中的感情交流的热烈程度，而埃及法老塔姆斯的朋友特乌斯却说文字可以“增强埃及人的智慧”，是“改善记忆和智慧的担保书。”从这一刻起，媒介就不可抗拒地改变着人类的感官比例和感知模式。在前文字文化中，一切信息加工都是同步实时进行并按照线性序列的范式而展开。沃尔特·翁在分析口语文化与书面文化时，明确了媒介、技术于社会变革演化中的意义，运用语词进行阐释（语词原本是隐喻修辞学的指称单元）并肯定了语词的在场与语词的技术化，将人们把握的语言的感觉与语言被转换为视觉符号的结果相联系，相比于口语，语词/文字是一种技术性理解。人对于客体的感知，尽管受到已储备语词的制约，但依然塑造现代人的智能活动并提供动力，所以“人的感知就在语词里栖居”[①]。媒介的结构界定了信息的性质，书写在时空中保持稳定，成为一种纪念碑、一种外记忆设备。作为阐释语言和书面文化的必要条件，文字可以充分发挥人的意识潜力，产出富于表现力的成果。

① 〔美〕沃尔特·翁．口语文化与书面文化：语词的技术化［M］．何道宽译．北京：北京大学出版社，2008．

从人类的审美经验来看，书写、文字、印刷都处于静观之中，始终禁锢在视觉范围内。在古希腊早期美学思想中，美的外延首先是指形式的美，正如毕达哥拉斯所认为的那样，美能够通过数学计算加以说明的，这种形式美存在的沉思式的审美态度，是静观的理解源头。一般来说，作为审美态度的“静观”有两个方面的特征：第一，静观是单向度而非双向展开。在审美活动中，审美主体处于绝对的观看优势，而审美客体只能被观看，正如格利耶所说，人看世界而世界却从不回敬他一眼，这个过程不存在观看的双向性。第二，静观是无为性地观看。传统审美的无功利使得审美主体的静观是距离性观看，止于精神层面而不包含身体参与。后期的西方美学将这种单向性和无为性始终看作是适用于所有审美活动的基本原则。诚然，静观理论假定主体和客体所构成的世界是一种稳定结构，这种模式使审美主体在审美接受活动中以一种远距离的方式来对待审美对象，借助审美主体的艺术想象力获得审美感受，从而忽略了主体和客体的相互生成性。康德曾指出崇高感和美感的差异，“美”的审美判断在面对自然界时处于静观状态，崇高则偏重于激动和震撼。“与对象存在表象的密切相关的满足”即缺乏兴趣的态度被其称作静观性，这种静观性是审美意识的根本特征之一。静观能普遍共享想象力与知性之间的某种特定的内在关系，可以产生净化或优化、满足生理和心理上的舒适感，这是静观的趣味判断的显著特征。一般来说，纯粹艺术美感的表现方式主要是静观与直觉，基本上是一种直觉心理过程，并不需要欣赏者行为的参与，而后期出现的环境美学则认为，主体和客体共存于一个动态生成的系统，静观的理性“悬置活力、身体行为和人的全部感觉力。”

印刷文化时代不仅增强了复刻文字、信息传播的巨大动能，而且极大推进了欧洲社会运动，宗教改革、文艺复兴、现代科学变革。人类必须接受的生存之道是文字作为人的交流经验外化的手段，使信息脱离人体而得到广泛的视觉传播。波兹曼曾肯定印刷文化的地位，称其作为“现代教育制度的试金石”影响了文明世界和现代世界的进程，可以说，“印刷媒介成为其他一切媒介‘衡量、比较和对照’的标准。”

芒福德认为，印刷技术超越了钟表，把现在与永恒重新连接，将人类带入到一个未知的王国。传统纸制媒体制造一种以文字为主体的文本，遵循静观凝思的单向度原则，无法进行直接的交流，只能通过审美想象带给主体抽象的生动性。复制技术的发展催生了以报纸、书籍、杂志为代表的印刷媒体，特别是在古登堡印刷术、雕版印刷、网版制版法的变迁中，印刷媒体日益占据了人们日常生活并成为人们获取、理解信息的路径，与此同时，媒介推动图像在大众文化领域流行起来。从印刷人（Typographic）时代走向图像人（Graphic Man）时代，印刷媒体观看的进一步发展是伴随摄影技术的出现而来的，观看的内容层面扩展到图片，即从单纯的文字阅读转变成读文观图，观看图片作为一种新的信息获取方式而形成视觉经验，其不断地将视觉的性价比、理由、意义等提供给它们的主体、受众，以至于人们对于图像产生了初期的依赖。

比较而言，“印刷文字，或建立在印刷文字之上的口头语言，具有某种内容：一种语义的、可释义的、有逻辑命名的内容”①。而图像的流行改变了文本与读者的关系，摄影技术虽然显现出依托新媒介传播的活力，但传统的膜拜价值退化成为一种展示的价值。“当代文化正在变成一种视觉文化，而不是一种印刷文化，这是千真万确的事实”，观看和阅读一样，变成了一个令人觉得深刻的问题。

（二）电子媒体时代的震惊

19 世纪电报出现标志着电子媒介时代的开端，其后速度发展越来越快，电报、电话、高速轮转印刷机、留声机、电影、汽车、飞机、广播、电视、录像机、电脑、微型、电子游戏、互联网、无限个人通讯等媒介纷至沓来，改变了人类认识世界和感知世界的方式，理性的公众转变为交互式的大众，谈论涉及的内容没有变化，谈论世界的方

① 〔美〕尼尔·波兹曼．童年的消逝［M］．吴燕莛译．桂林：广西师范大学出版社，2011.

式却产生了最大程度的改变。

伴随大规模的工业化生产，人类进入电子时代，原有的艺术生产方式已经无法横向移植到现代艺术力所阐发的时代，因而机械复制技术必然带来资本主义社会文学艺术发展的一系列深刻变革，其中最显著的变革就是传统的艺术“灵韵”的落幕、退场与终结和现代震惊艺术的形成与出场[①]。机械复制时代的重大意义在于技术复制跨域时空将摹本带入到“原作本身无法达到的境界”，同时也导致了艺术“灵韵”的丧失，即作品失去了其独一无二的意味，而灵韵是一种特殊的氛围（艺术品原件就存在于这种氛围中），这种氛围可以注明作品的身份。传统艺术由于其偶尔产生，具有独一无二的时空存在与纪念碑性质，即原作的本真性、唯一性和权威性，但是机械复制时代以及后工业时代的机械复制技术对作品进行大量复制，作品的存在价值一再被贬低。震惊或惊颤效果（Shock Effect）原用以描述波德莱尔抒情诗的艺术效果中的突发性和疏异性，而在大众接受广播、电视媒介时，观赏者所产生了一种惊异或震颤的效果。飞速发展的现实冲击到人类传统的感知方式，震惊成为机械复制时代的人类生存的普遍心理体验，让不再为情感所动的人们在电影院里重拾了哭泣。这意味着现代生活让人们在震惊后麻木，而媒介美学则可以重新唤醒生活的感受，这体现出美学与麻醉之间的辩证关系。

随着传统审美静观的灵韵逐渐褪去，大众不再回到传统静观、冥想的体悟之中，“震惊”效果取而代之。大量的复制品使文化脱离了传统意义上的特权阶层和小资精英进入大众层面，在图像和生产中接近艺术品的需要。这一富有隐喻性质的解释，大致用“灵韵”来定义远处唯一出现的东西，表示尽可能接近了它的本意，而远处和近处是对立的，真正意义上远处的东西是无法接近的，比如用于图腾崇拜的图像

① 本雅明认为，艺术起源于仪式。在《摄影小史》中借照片提出灵韵，借指技术设备、拍摄主体（人）和摄影成果三一体所构成的朦胧的意绪；在《机械复制时代的艺术作品》中描述灵韵，认为是超越主客的物我两忘的境界。

的不可接近性，这意味着我们可以接近图像材料的真实性，但是达不到图像保留的远处特征。正如电视与静止的照片相比较，前者的观赏性、动态性更强，可以将视觉、听觉、形象和叙事紧密结合，但是电视是“一连串不充分的形象”，在“流逝的时间”里消除了前面所观看形象的意义，而照片则更具有纪念性质。

在电力时代，人类中枢神经体系得到延伸，以至于能拥抱全世界，时间差异和空间差异不复存在，媒介作为人的延伸是全方位的，不只是对人的感觉器官的延伸，而是全方位的身体延伸。工业时代的电视媒介出现后，观看演进成动态、立体与快感的集成，声音、运动的图像、光等汇聚成为一个动态的焦点，成为我们观看的中心，人类对客观和现实的感知方式空前扩张。在电子媒介出现之前，人们的时空感是连贯的、自然的、再现的，而电视出现之后，其制造的现实使人们的时空感反而变成了“可选择的，可变化的，可丢弃的，也是可逃避的。”影院中观众的身心被银幕上的光所吸引，目光随着影院中的影像变换而转动；看电视的观众注视着电视，但缺乏神圣性，是观看仪式的解体；人们被电视中的游戏节目逗得人仰马翻，但生活中却彻底驱逐游戏；即使所谓客观的播报和直播，以电视屏幕为中介而并不是真正的现实经验。因而，灵韵的丧失意味着对艺术功能的颠覆，由于知识和艺术可以从复制和模仿的世界中获得，所以直接从事物中了解感知获得经验的做法已经日渐贫乏。

电影、电视的艺术形式推动了艺术接受审美的“星丛化”，这是艺术作为异质性的非同一性存在，打破同一性的非总体性把握。在本雅明的原初语境中，星丛是天文学术语，意为彼此并立而不被某个中心整合的诸种变动因素的集合体。阿多诺曾明确地指认“星丛”既不是某种“非此即彼的逻辑结构”也不是在这里不能被当作某种“不变性”去回溯分析。在星丛的结构中“不存在以彼概念对此概念的解释，而关涉观念的星丛，也就是由暂时性观念、含义、自然观念和历史观念等观念构成的”[①]。因而，星丛所要建构的是一种全新的场景关系，存在于在主体与客体之间、主体与主体、意识与存在、概念与经验、价值与技术等存在关系的地方。同时，灵韵类似一种私人的、感性的、瞬间的体验，机械复制技术制造了碎片化或痕迹以及“惊艳”的审美感受。“身边事物的表现”的痕迹让我们可以捕捉到事件，“遥远事物的表现”的灵韵，让事件捉住了我们。那么，对于艺术作品而言，它的“灵韵”如同一把“近在咫尺”却为观赏者打开了通往“遥远事物”之门的钥匙。用“痕迹”替代灵韵，给艺术的接受者此时此刻的震撼，这与后来利奥塔向总体性宣战的主张不谋而合，体现出零散化、碎片化、断裂感。基于此，我们将机械复制及震惊的出现看作是向后现代过渡的枢纽，其后现代意义在于星丛化的接受状态和强大的撒播功能所带来的民主化进程。

（三）新兴媒体时代的介入

文艺复兴时期的审美原则坚守绝对的秩序（空间观念的透视法）和审美无介入，而电子信息媒介的使用促使大众瞬时被卷入其间、瞬间相互连接，其打破了超然和隔离的框架。“电路使我们深刻地相互介入，电子构型的世界迫使我们从数据分类的习惯走向模式识别的范式……一个必然的结果：一切环境因素和经验因素共存，处在积极互动的状态中。”[②]介入，本身是技术话语的构成或者介入媒介，其包含了两个环节，一是反身进入之前径直透过媒介，对媒介内容的环节进行考察；二是进入一种新媒介或者说进入一个新环境，在新的媒介环境下考察成为对象的旧媒介。审美角度的介入意味着与静观相对应的动观（Dynamic View），主体介入对象，以动观的方式亲近、体验并参与，突显审美主体的实践性。微时代的大众审美行为经历了从观望走向互动，从独享走向共享，从个体走向内爆的过程。

① 〔德〕本雅明．巴黎拱廊街［M］．贾倞译．石家庄：河北教育出版社，2001．

② 〔加〕马歇尔·麦克卢汉．媒介即按摩［M］．何道宽译．北京：机械工业出版社，2016．

在文化和意义上的内爆方面，印刷时代的文化基于一种自上而下的中央集权，虽然被僵化的等级界限所包围，但是已将公共的与私人的领域区分开来，正如哈贝马斯所描述的公共领域主要是印刷技术占主导地位的社会产物，而电子传播在时间、纵向和横向上带来了内爆，具体表现为电子传播使印刷文化所形成的各种学科专业以及公共和私人领域的划分不再严格；电子传播带来的丰富信息使得人们不必成为专家就可以涉足某个领域；文化等级和各领域之间的分离得到消除。文化内爆让我们的生活混为一团，无论是过去、未来、遥远或是眼前，一切都在瞬间于我们眼前内爆。鲍德里亚进一步提出电子媒体对意义实现了内爆，信息与意义成负增长，两者之间的界限不再明确，其媒体现实使表现与现实之间的关系出现重大逆转。在此，意义的内爆（Implosion）强化了消除所有界限和差异的后现代过程，消除区分转而相互转化，消融真实意义而放大虚拟意义，真实、价值和意义的绝对界限被摧毁，这种破坏性最终指向了对大众社会的控制。新兴媒体的智能手机引领大众走进移动互联网，大众依靠介入来平衡自我心理。传统的圆满境界被媒介技术打碎，一切都走向流动、快速、紧张、突兀，而作为受众的沉默大多数的崛起，内爆不可避免。微时代创造了多种感觉器官参与的语境，审美与表象的关系从超越转化为投入和融合。从意义诉求到感觉诉求、从文本中心到活动中心、从静观到消费、从结果到过程，大众逐步确认了感性主导的身份，其审美方式从自主性走向内爆式。由于内爆的出现，传统仅由艺术承载的审美功能无限扩大到社会的各个层级，甚至在整个社会中渗透，这意味着审美的终结，意味着艺术的终结。互联网提供了空间的交互性，不再是电视端的观众被动接受信息的方式，它强化了一种虚拟性和交互性，人人都可以在其中扮演角色或自我。大众对于网络特别是移动互联网发展下的沉浸传播的自在与自主，更加倾向于接受仿真世界的存在，这似乎成为了我们网络解魅的利器。鲍德里亚的预见性批判更加适用于这种媒体欣快症的环境[①]，而移动互联网带来的社会变化给其技术宿命论提供了一个典型的可解读的文本，因为微时代的媒介环境使我们见证了“超美学”的到来，提供了新的“后现代”的诱惑和挑战。

当代社会生活中鲜活的经验不再匮乏和紧缺，尤其在网络、手机等终端中，我们观看和体验到的往往是虚拟景观。数字化的文字、图形、图像、声音、视频影像和动画等感觉媒体，让观看具有了后现代性质，也在哲学层面打破了主客体关系，消解了时间与空间的本体性，营造出虚拟空间与拟态环境。主体的观看不仅是一种自由、沉浸，更是一种传播的反馈机制与意见表达，在这里，“视觉图像的成败取决于我们能在多大程度上成功的阐释它们”比如现今流行的视频网站借助移动客户端可以一站式完成精彩影视和娱乐内容的寻找与观看，用户积极通过碎片化分享、碎片聚合、推荐引擎等功能得以互动与交流。面对汹涌而至的视觉之流，图像审美成为移动时代典型审美特征之一，在媒介建构的不同视觉场中，受众的观看程度决定了大众传媒的流行，而大众的审美视域、审美趣味、审美心理也随着观看方式而发生改变，形成了对审美主体和人类审美意识形态的冲击。人类无法阻挡正常感知的“关闭”，感官使我们顺应自己接受的经验模式，使我们可以在现代媒介技术的关涉之下，获得取之不尽的审美愉悦，同时也经历着审美嬗变的审美之殇。

首先在审美视域方面。数字媒介的信息传播平台和手段不断丰富，促进艺术的多样化传播，满足大众的观看需求和视觉审美，人们可以领略到更为丰富多元的传播内容，时空局限得以弱化，时间不复存在，空间业已消逝。由静而动进而立体的图像、影像，还有当代技术与审美艺术的结合产生的新媒体艺术等形式，使过去的观看方式逐渐具有了某种可通约性，形成了更多样的审美主体体验。互联网技术的视觉观看扩展了审美空间，网络视频、数字电影、手机电视等多种形态延伸了艺术获取的路径，依据“景观社会”理论，整个的生活都表现为

① 欣快症是一种病态的兴奋、情感高涨状态。

一种巨大的奇观积聚。曾经直接地存在着的所有一切，现在都变成了纯粹的表征。观看方式的变迁最直接的带来了人类的审美视域的拓展，人类逐渐走入了民主与大众化的时代，消解了形而上的基础，人们拥有越来越多的机会接受新的艺术形象，从单一走向多元，从个别走向普遍，从精英走向大众。

其次在审美趣味方面。媒介演进形成了前所未有的互动空间，这一空间与视觉感知的强化融合在一起，产生了媒介传播与受众观看之间的新的语义关系，并且生成了新的认知和阐释。传统印刷时代的观看，我们对于能指和所指有着较清晰的认知，其所含意蕴需要基于一定的文化背景和知识积淀，而今的观看方式转向了碎片化、时尚化、娱乐化的审美向度。以观看为主要方式的审美文化的文化品格往往以迎合人类感官狂欢和草根性的大众需求为前提，受众接受形成的审美趣味呈现表层化和泛商业化的特征。审美的碎片化消解了崇高，原有的内部观能的差别更多地被视觉图像所消弭。在媒介技术介入下的观看，无论是电视观看的程式化、同质化，还是手机媒体观看的复杂的“流动性”，受众的审美趣味的界线、区隔被打破，以迅速观看代替了深入理解。

再次在审美心理方面。审美心理是主体在客观对象中直观自身的心理活动，汇集了审美知觉、审美情感、审美想象。随着观看方式的变化引发的审美泛化，大众不自觉地进入到一种浸入式的观看状态，其审美心理呈现出图示化、感官化、模态化，无论是线性观看的电子媒体还是交互式的数字媒体，生活状态的“休闲”和所见的仿像世界共同构成了大众审美的集体无意识。现代工业文明推动技术理性化的工业品生产，大批量、单一化的传媒产品出现了同质化，快感、休闲、娱乐成为生产的需求要素，观看主体与观看对象的审美距离被逐渐消除，正如电视的内容“要求观众去感觉而不是去想象”，“声音和景象，尤其是后者，组织了美学，统率了观众。”这是一种娱乐至上的审美状况，容易造成受众审美心理的低俗化与平庸化。

基于审美知觉的角度，人对现象的感知经验本应是强调经验和行为的整体性，但是传统审美的整体性逐渐被打破，转而呈现出平面化、碎片化、仿拟化等特征，这恰恰与后现代文化达成了共识。审美知觉的结构不仅仅是对事物形象的再现，更是对审美主体精神的表现，或是对日常生活心理的升华和超越。当下，为了迎合人们的视觉需要和感官刺激，新兴媒介提供了大量可供选择的App、新型广告等形态，审美的整体性被视觉消费击碎。因而，我们已经无法回溯古典哲学家康德所指出的审美的无功利性，在当代我们要用形象化和生命激情来维护一个新空间，即多变的视觉观看空间。尽管数字媒介条件下的观看直接与大数据、点击率相连接，但是它已经是一种社会化、意向性的观看，其观看行为的结果将会以意义的阐释作为最终诉求，这不仅体现在观看本身，而且是受众主体自身的意义阐释反过来影响传播主体的意识和偏向。

二、微媒介影响下审美方式的重构

艺术形式和审美经验的变迁受到技术发展和媒介演变的影响。传统通过口耳相传获取信息的方式，对传播者和接受者的空间距离有一定要求，使这种传播方式局限在小范围之中。而印刷文化的传播，虽然克服了范围的局限性，可以远距离、大范围传播，但信息被固定在文字符号之中，不但弱化了其本身的丰富性和全息性，而且其对人的阅读能力也有一定要求。所以印刷文化一方面使人们的思维方式与审美方式趋向沉静、理性，另一方面，文字的抽象性也让人们的审美和想象力得到提升。电影、电视因其大众传播媒介的特性，拥有传播范围广、信息量大和瞬时传播的特点，既消解了口头传播的不确定性、时空限制、转瞬即逝性，也摆脱了文字传播的抽象性，既生动形象、直观易懂，又可以远距离大众化传播，由此视觉文化掀起了一波高潮。具有形象性、直观性和易于理解等特点的视觉文化获得了大众的广泛接受，同时视觉文化以其无所不在的传播方式扩宽了艺术文化传播的途径和渠道，人们可以通过各种各样的方式获取信息，视觉文化的兴起将现实化、逼真化地呈现出非视觉的东西，让现实与非现实之间的界限被打破，使得“看得见的世界不再是真实，看不见的世界不再是梦想。”艺术与生活之间的距离被缩小，艺术与非艺术之间的界限也愈发模糊，使日常生活走向审美化，艺术审美生活化与生活艺术化的理想在某种程度上得以实现。

20世纪初，机械复制技术日渐发展，本雅明精辟地总结出机械复制时代的艺术与传统艺术的不同特点，他认为，机械复制技术使得艺术作品的“原真性”与“韵味”消失，传统艺术的独一无二性不复存在，传统艺术如绘画等因其艺术创作的独一无二性和独特的韵味而使其具有了某种仪式性、膜拜价值和永恒性，而机械复制时代艺术的最大特点是无限复制性，“技术复制能把原作的模本带到原作本身无法到达的地方”[①]。由此弱化了原作的独一无二性，这一时代艺术作品也由膜拜价值走向展示价值，其永恒性被削弱，机械复制技术使现代艺术作品有了新的生产方式和存在方式。

微媒介时代，媒介技术在不断革新与升级，人们的审美方式也因此不断改变和重构，在微媒介的冲击下传统审美活动的审美流程与秩序被颠覆。现在的审美活动简单、方便，只需用手指在智能手机上滑动或点击即可实现，艺术接受的场所也从传统的美术馆、博物馆、剧院或影院等空间，扩大到移动网络信号覆盖的所有区域；艺术创造的权利也不再为少数艺术家拥有，数字媒介技术带来的专业门槛和诸种成本的降低，使越来越多的人实现了由单纯的艺术接受者向艺术创作者的身份转变，微媒介时代的种种颠覆性，重构了人们的审美方式。

（一）审美过程的交互性

微媒介盛行的时代，人们的阅读方式逐渐成为通过微媒介进行的电子文本阅读，电子文本和传统的纸质文本有着巨大的差别，与传统单

① 〔德〕瓦尔特·本雅明．论机械复制时代的艺术作品［M］．王才勇译．北京：中国城市出版社，2002.

纯以文字为主体，最多穿插一些图片的纸质文本相比，当下的电子文本依托媒介的优势，变得更加多元化，同时也冲击着人们的传统审美。

传统的文本是一个封闭自足的系统，文本完成以后通常利用纸质版印刷出来以供读者阅读，阅读纸质文本的过程中，读者经历了一个对固定文本凝神专注的线性阅读体验过程。而进入到互联网时代，互联网的三个特点：链接、搜索、多媒体对传统文本和传统阅读体验都提出了挑战，以互联网为基础的电子文本，已不仅仅是媒介载体差别问题，而是和纸质文本产生了本质差异，和传统纸质文本的单一性不同，电子文本通过超链接技术，实现了将不同空间的文字或文档链接到一起的网状文本形式，变成了超链接文本。另一方面，有实验表明，在阅读充满超链接的超文本，“人们对所读内容的理解程度会随链接数量的增多而下降”。由此可得，过多链接的超文本可能会干扰阅读、理解的认知活动，“超文本中增加的对作出决定和视觉处理的需求削弱了阅读功效”。当大脑没有足够的能力处理和沉淀这种超负荷的认知活动，而是以碎片化、浅表化的形式呈现的时候，在某种程度上只会进一步加深阅读者的焦虑和离散。

随着全球信息化和智能手机的快速普及，当今社会几乎人手一部手机，所以阅读活动可以随时随地进行。相对于纸质书籍而言，电子阅读更便利，有更大的容量、更丰富的内容、更多样化的选择，方便人们在碎片化时间内进行阅读，电子文本阅读逐渐成为当下的主流阅读形式。人们可以通过微信公众号、各种 App、微博、各类网站等进行阅读。因此当下的文化生产重心逐渐从线下向线上转移，无论报纸、杂志、广播、电视、书籍、音乐都开始电子文本的传输。各文化产出者纷纷开通微信公众号、注册微博、自建 App 等供读者下载阅读。新的终端，新的分发方式及用户心理的不断变化，都需要新的表达方式与之配合，微媒介的电子文本形态与纸质文本相比也发生了巨大的变化，电子文本页面会加入图片、动态影像，甚至加入伴声、音乐等，网页的设计者成了电视制作人，传统单一的纸质文本发展成为由文字、图片、动态影像、声音等共同构成的多媒体文本。微媒介时代，我们阅读手机页面中的文章时，页面可以链接音乐，我们可以一边欣赏音乐，一边阅读文本。“电脑改变了读写的性质”，而微媒介的出现使读和写的性质更有颠覆性的变化。读者在网上浏览的文章的同时，还可以观看相关的视频片段，让读者在阅读时，可以通过视频影像对文章表述的主题有更直观、生动和深入地了解。

另外微媒介时代的文章末尾还附有留言区，给读者提供了发表评论的区域，这个区域同样是文本的重要组成部分。传统的纸质阅读活动是单向的，读者只能被动地接受创作者所表达的内容和思想，创作者也无法获得读者的即时反馈，缺少读者与创作者的思想沟通和交流。而当下的微媒介时代的阅读活动，既可以随时开展阅读活动，也可以实现作者与读者的双向实时互动，阅读结束后，读者可以发表评论、参加讨论，可以留言、可以转发，使微媒介时代的文本更加多元化、开放化、互动化。

（二）审美体验的虚拟化

审美体验的虚拟性可以在文学作品的想象性中追根溯源，文学作品原本凭借想象力构建而成的艺术形式，无论是创作者的虚构还是读者的想象，都需要在头脑中想象性地再现不存在的人、物和场景，因此“一千个读者有一千个哈姆雷特”的说法才会广泛流传。起初人们的想象更多立足于现实，在生活的基础上进行提炼概括，所谓“源于生活，高于生活”，对生活进行提纯和典型化加工。随着文学品类的多元化和艺术形式的不断发展，人们开始想象现实生活中完全不存在的事物，比如科幻小说、穿越小说的兴起，进一步发散读者的思维，利用无限的、丰富的想象力，在脑海中构建出完全基于想象的虚拟世界和人物。电影的出现，利用影像技术呈现出原本只存在于头脑中的虚拟想象的科幻小说的超真实场景。美中不足的是，电影中的场景即使再逼真，但其仍然不过是光影投射的影像，是梦幻之境。

波德里亚曾提出“拟像”理论。他指出“媒介”（或波德里亚更常使用的“拟像”）在今天的历史——技术语境下，已不再是对所谓的

“真实”世界亦步亦趋的模仿，拟像是对真实世界的延伸。在后现代社会中，“拟像”自身就是“真实”，甚至已经成为比“真实”更真实的“超真实”①。

审美体验的虚拟化主要与当代数字艺术的产生有紧密地联系。随着当代媒介技术革命与传统艺术产生碰撞、擦出火花，当代的艺术形态受到了诸多挑战，一定程度上促进了当代数字艺术的产生，人们也适时转变审美观念，数字时代审美对象从现实生活中的环境和事物转变为数字虚拟视角下的万物。以数字计算机为技术基础，并通过数字媒体传播的作品、由计算机产出的作品、以电脑为工具而创作的作品、专门为艺术用途而设计的计算机软件、专门为电脑做宣传而创作的产品、以电脑应用及其社会影响为题材的作品，以及通过计算机网络传播的各种作品等，都被称为数字艺术。

数字艺术是数字科技迅速发展的产物，数字科技的发展对人类的文化生存环境，特别是在艺术创作方面产生了激烈的碰撞和推力。运用新型数字技术，艺术家借助光、电、声、互联网、图片动画和模拟环境等各式各样的手段进行艺术创作，展现出事物发展的过程、人类交往的活动以及人类和自然的交互性，由光、声、电等手段和视觉、听觉、触觉等感觉相互融合而生成的全新艺术感受空间，颠覆了传统的审美方式，带来全新的审美感受，给人们带来独特的审美体验。数字科技的高度发展和全面渗透带来了数字艺术的诞生和发展，使传统的审美模式改变，从而主导了人类审美体验的变革，使人们进入一个数字化虚拟体验的艺术审美全新模式。

本雅明在20世纪初，对于机械复制时代的艺术作品有一番精彩论述，他指出：“画家在作画时，观察着与眼前事物的天然距离，摄影师则进入到事物的组织中，他们所表现出来的图像有着天壤之别。画家的图像是整体性的，而摄影师的已支离破碎，按照一定的新法则，它

① 〔法〕让·波德里亚．象征交换与死亡［M］．车槿山译．南京：凤凰出版传媒集团，译林出版社，2006．

的各个碎片可以拼在一起。故而，对当代人来说，电影对现实的表现远比绘画更有意义，因为他借助摄影机，最猛烈地进入现实，从而保证了现实中不受机器影响的方面。”①

1950年美国数学家兼艺术家拉波斯克率先将电脑技术应用于美术领域，它使用模拟计算机和电子阴极射线管示波器创作了作品《电子抽象》。20世纪50年代初期，麻省理工学院研制出“旋风1号”图形显示器。1960年，德国的阿瑟本和费特推出了计算机绘画。1961年，麻省理工学院博士生萨瑟兰开发了计算机绘图系统“画板”。1962年，第一台电脑美术设计系统在麻省理工学院诞生，德国斯图加特大学学生纳克从1963年就开始从事电脑艺术的创作。

计算机动画基于20世纪60年代产生的计算机图形处理和造型艺术的结合。1963年，美国贝尔实验室的扎雅克、诺尔顿等人率先将计算机技术引进动画制作。最早的三维动画系统是犹他大学的卡特马尔开发的M0P系统（1972）。时至20世纪90年代，计算机动画取得了骄人的成果。1993年，电影《侏罗纪公园》中用计算机制作的恐龙镜头获奥斯卡最佳视觉效果奖。1996年，首部全部使用计算机动画制作的电影《玩具总动员》问世。推动数字影视发展的动力来自艺术和科学两方面。数字技术进入电视艺术领域，可以追溯到20世纪50年代后期。美国的埃布尔在20世纪70年代制作了若干有影响的电视广告片。大约从20世纪80年代起，数字艺术开始在电视剧中亮相。20世纪90年代以后，数字电视成为高清晰度电视的发展方向。1994年美国DirectTV公司率先进行卫星电视数字广播。1998年11月美国46家电视台正式播出数字电视节目。

随着数字技术逐渐与艺术融合，如今数字音乐、数字美术、数字诗歌、虚拟歌手等层出不穷，数字技术的复制性、虚拟性、智能化等特点使传统的创作工具、创作材料等都发生了巨大变化，数字技术犹如

① 〔德〕瓦尔特·本雅明. 机械复制时代的艺术作品［M］. 王才勇译. 北京：中国城市出版社，2002.

强大的魔力之手，不断对艺术创作、艺术传播、艺术欣赏和艺术形态等发生影响。随着微媒介的广泛应用，更推动艺术存在与审美体验进行一场深刻的变革。科学杂志《新发现》主编、复旦大学中文系教授严锋在一则微博中提到，著名科幻作家刘慈欣设计发明一款名叫“计算机诗人”的软件，能够按照软件提示勾选段数、行数、押韵等选项，在几秒钟之内自动生成模拟现代派风格的诗歌和小说。写诗软件的出现，标志着代表人类最高智慧的文学（诗歌）进入了“电脑制造”时代。2019 年清华大学自然语言处理与社会人文计算实验室推出了人工智能诗歌写作系统。

2012 年 3 月 22 日，洛天依——由数字技术制作而成的虚拟歌手的形象设计首次公布。虚拟歌手形象的出现打破了传统审美体验下的真人演唱，使人们进入虚拟化的体验世界。天矢禾念旗下 Vsinger 虚拟歌手洛天依、言和、乐正绫、乐正龙牙等于 2017 年 6 月 17 日在上海梅赛德斯——奔驰文化中心举行了一场万人演唱会。虚拟歌手的出现是一次大胆的尝试，也是一次质的跨越。二次元与三次元的交汇，突破了二次元壁垒，证明三次元文化正在不断崛起，更新了人们的审美体验，象征着审美虚拟化体验的到来。随着科技的发展，平面二维世界逐渐演变为高科技的 3D 虚拟现实的立体模拟化，人们通过二维世界就可以创造出立体的三维世界。例如：若想了解山川地理之美，不一定非要亲身经历，亲自去名山大川之中赏玩一番；现在可以利用计算机技术，依据现实中的景区搭建立体全息投影，足不出户也能游览秀丽风景。另外，AR、VR 技术也为人们带来更加震撼的虚拟体验效果，当下的艺术欣赏已无需亲自走进博物馆，传统的时空距离已被压缩为比特空间的点击浏览，我们可以通过网络即可身临其境般游览数字博物馆，在实地博物馆欣赏展品的时候，参观者是有限度地欣赏，因为有玻璃罩子、栏杆或绳索将展品与参观者隔离开来。而在网上通过高科技的 3D 虚拟现实的立体模拟化去欣赏展品，不仅可以放大展品的每个细节，还可以进行 360 度旋转，全方位欣赏展品。在中国大型的数字艺术作品《数字故宫》中，人们可以通过网络零距离微观地欣赏每一细节，随心地将展品放大或缩小，可以仔细观察每一个建筑构件。这些数字技术的运用，为艺术体验添加了趣味性，让艺术展览更具交互性和参与性，打破了传统美术馆、展览馆、博物馆戒律森严、严肃枯燥的高冷公众形象。比如故宫博物院展出的《清明上河图 3.0》，以宋代著名画作《清明上河图》为原型，融合 8K 超高清数字互动技术和 4D 动感影像技术，使静态的图画具有了动态效果，人物活动栩栩如生，观众仿佛进入画中世界。英国大英博物馆也尝试利用虚拟体验系统，让人们利用网络，既可以观看木乃伊的内部构造，又可以回溯时光，看见其 2000 年前的真实面容，将数字艺术的交互性、虚拟性展现得淋漓尽致。

（三）审美效果的奇观化

法国哲学家居伊·德波早在 20 世纪 60 年代的《景象的社会》一文中，就大胆宣布了“景象社会”的到来。他认为随着景象社会的来临，世界转化为形象。在景象社会中，视觉具有优先性和至上性，压倒了其他观感，现代人完全成了观者，景象避开了人的活动而转向景象的观看。从根本上说，景象就是独裁和暴力，甚至景象就是世界观。

随着当代视觉文化的不断发展，如本雅明所说，审美感受发生了由“静观”到“震惊”的转变。“静观”是主体与视觉对象保持一定的距离，以凝神专注、沉着冷静的状态面对客体。而“震惊”则是瞬间的心理体验，在“震惊”状态中，主体与对象之间的距离缩到最短，仿佛视觉对象在一瞬间击中了观看主体。

无论是“景观社会”还是“震惊”体验都离不开因 1895 年电影的诞生而开启的人类的影像时代。随着电影的出现，满足人们利用影像复现现实愿望的同时，更为人们创造出了种种视觉奇观，构建出梦幻世界，让观众在其中感受到了一种虚拟性的满足。“影像运动对观众的影响最为巨大，因为影像运动是一种视觉刺激，是一种作用于有机体的活动，当这种活动通过视觉听觉器官输入人的神经系统时，就必然引起神经系统的活动性反应。”因此活动的影像对我们具有极大的吸引力，连绵不断的画面似乎具有某种魔力，诱使我们不间断地观看。实际上，活动影像的吸引力“来自观众的生物学本能”，契合了人类的生命结构，所以人们喜欢“看”且格外喜爱看奇观景象也就不足为奇。随着数字处理图像技术不断精进，利用数字技术，种种上天入地、匪夷所思的一场场视觉盛宴，让观众在各种的虚幻世界中享受着影像奇观。美国著名电影导演詹姆斯·卡梅隆曾评论说:“视觉娱乐影像制作的艺术和技术正在发生一场革命，这场革命给我们制作电影和其他视觉媒体节目的方式带来了如此深刻的变化，以至于我们只能用出现了一场数字化的文艺复兴来描述它。”20世纪90年代中后期，中国每年引进10部好莱坞大片，这些大片带来的视觉震撼和奇观效果让中国观众惊诧不已、欲罢不能，例如美国电影《指环王》《侏罗纪公园》《蜘蛛侠》《阿甘正传》《天地大冲撞》《泰坦尼克号》《黑客帝国》等等，包括后来的灾难大片《龙卷风》《后天》《2012》等，都以恢宏的场面、惊人的视觉特效展示了奇观电影的神奇魔力。中国电影导演张艺谋在转向国际化路线时，同样选择了征服观众的视觉，他早年拍摄《英雄》《十面埋伏》《满城尽带黄金甲》，甚至后来极具争议的魔幻大片《长城》都是以制造视觉奇观而见长，数字技术的发展使得电影成为“只有想不到，没有做不到”的艺术创作。

事实上，现代社会并非是奇观出现的最早时间，只不过不同的时代制造奇观的手段不同。古希腊时期的神庙和罗马斗兽场是那个时代的奇观；中国古代的长城、秦始皇陵兵马俑、巨幅佛像也是特定时代的奇观；1895年卢米埃兄弟的电影《火车进站》上映，当巨大的火车从远处呼啸而来的时候，逼真的影像让观众吓得不知所措，现在看来，这种画面已经司空见惯，这便是最初诞生的影像奇观。随着影像技术的发展，人们利用高科技手段创造出比我们真实世界更真实的“拟像”与“仿像”世界，波德里亚指出，在拟像与仿像的世界里，真实与虚假、原型与仿品之间根本分不出真假，在这个由视觉技术构建起来的仿真世界里，真的定义改写为“不仅是那个可以再现的东西，而且是那个永远已经再现的东西：超真实”[①]。进入20世纪之后，数字化影像技术和媒介的发展，使得人类制造奇观符号的能力得到前所未有的进步，各种现实生活中不存在的奇观场景层出不穷，魔法世界、外星世界、银河系、天堂与地狱的场景栩栩如生，从美国场景奇观呈现的科幻电影《星球大战》《侏罗纪公园》《阿凡达》《星际穿越》《头号玩家》到中国的科幻巨制《流浪地球》，直到仿生人、克隆人奇观的《阿丽塔：战斗天使》《双子杀手》，人类利用科技手段，制造出奇观世界和奇观人类。在这些奇观化的世界里，观众无意识或潜意识的欲求得到满足，获得暂时放松甚至摆脱自觉意识的束缚与制约，深陷在梦幻的想象世界。

基于对现实世界的超越，奇观电影利用电脑虚拟技术，创造出现实中不存在的虚拟奇观场景，奇观电影颠覆了传统电影的现实场景叙事模式，二者是基于不同创作理念创作的，从而能够为我们带来不同的创作呈现。传统电影遵循克拉考尔的“物质现实复原论”以及巴赞的“影像摄影的本体论”，运用摄像机对现实存在场景的记录和再现。随着数字化时代到来，传统电影拍摄基于现实再现的创作逻辑被电脑虚拟技术突破，对于奇观电影来说，影像特性已不单纯是客观现实的再现过程，而是借助各种高科技手段、根据想象力，将现实中不存在的奇幻场景创造出来，利用虚拟技术呈现出形象、场景和世界。由此可见，奇观电影的影像特性已经由客观记录物质现实向对虚拟世界的逼真表现转变，奇观电影的形象或世界虽然是凭想象虚拟出来的，但这些虚拟的形象或世界也有一定的现实逻辑原则和视觉真实性逻辑原则，因此即使数字虚拟形象或虚拟场景没有现实原型，但观众在观看时，同样觉得极其逼真。奇观电影创造出的虚拟形象和虚拟世界突破了现实的限制，拓宽了电影表现的领域，甚至创造出比现实更为逼真的场景，也就是波德里亚所说的“拟像”，因为奇观电影呈现出的奇幻景观引发观众的视觉刺激和感官愉悦，因此奇观电影显然比现实景观电影

---

① 〔法〕让·波德里亚．艺术的共谋［M］．张新木等译．南京：南京大学出版社，2015.

更具有冲击力和诱惑力。

叙事往往不是奇观电影的重点，而是着重将超越真实世界的奇观形象和场景通过电脑特技展现到人们面前，以此吸引和震撼观众。总体上，奇观现象看似是一个纯粹的技术和媒体视觉效果问题，实际上它不仅限于视觉经验或视觉效果层面，将看不见的社会权力与资本的扩张、控制以及增值的欲望和诉求连接起来。正如凯尔纳所说："媒体奇观已经侵入人类生活体验的各个领域之中——从经济、文化、日常生活到政治斗争。它还进一步侵入了虚拟空间，制造出属于未来世界的多媒体奇观和一个网络化的信息娱乐社会。"①

三、基于短视频分析的审美嬗变与审美困境

移动互联网技术飞速发展，以抖音、快手为首的短视频在新闻、影视、游戏等各个领域得到广泛实践，确立起其在当前互联网格局中的重要位置。短视频发展势头一直迅猛，不仅捧红了一众网络红人，也让人们的精神生活得到丰富，艺术创造的门槛逐渐降低。虽然短视频受到的评价褒贬不一，但不得不承认，作为一种网络文艺的新形态，短视频已成为较具时代特色且发展最快的一种网络文艺。有必要从美学的角度，深入地探究短视频所反映出的大众审美偏好、审美感知、审美体验的变迁，以牢牢把握时代审美脉搏。同时，从学理上深入剖析短视频体现的大众审美嬗变，对此作出一定反思，将有助于推动微媒介的健康发展，更好地实现文艺大众化。

（一）审美嬗变的生成

作为微媒介典型代表之一的短视频"热"折射出了时代审美观念和审美活动的变迁，而这种变迁受到审美语境、审美场域和审美媒介的影响。首先，短视频的审美语境产生并发展于微时代，日常生活审美

① 〔美〕道格拉斯·凯尔纳．波德里亚：一个批判性读本［M］．陈维振译．南京：江苏人民出版社，2005.

化和大众文化的审美语境改变了审美主体的审美心理，扩大了审美客体的范围。其次，短视频产生于虚拟的网络审美场域，依托于移动互联网和新媒体的当代审美场域表现出平等性、符号性和互动性的特征。最后，短视频的技术属性是使其区分于其他艺术形态的本体属性，使短视频在产生、发展、创作和传播等环节中表现出新的审美特征。

1. 微媒介影响下的审美语境

从微博到微信，从微小说到微电影，从微商到微支付，人们的生活充满着“微”文化。这种文化形态不仅让生活方式、社交模式发生改变，让社会政治、经济和文化生态受到影响，还让大众审美意识和审美实践发生了变化。“微”时代下的日常生活审美化的源头究竟源自哪里？最主要的原因是媒介技术的发展。“电子媒介加剧了流动性和不稳定性，进而使自我变得更加去中心化、分散化和多元化了，浑然一体的文化被切割，成为流动性的碎片，从而呈现出微化的形态”。在这种“微”时代语境下，具有新新媒介特性的短视频应运而生。

第一代媒介，即“新”媒介。随互联网产生而出现，如电子邮件、网站等，21 世纪初，更加多样的媒介被创造出来，“新”媒介已不足以概括它们的特征，于是莱文森将其命名为“新新媒介”。他以博客为例，说明了新新媒介的区别性特征，最根本的是“新新媒介的用户被赋予了真正的权力，而且是充分的权力，他们可以选择生产和消费新新媒介的内容，而这些内容又是千百万其他新新媒介消费者和生产者提供的”。莱文森对新新媒介的定义拓宽了人们思考短视频的媒介特性的思路。首先，短视频的特性是其艺术接受者也是生产者。审美主体既是观看者，也是生产者。其次，短视频的生产者多是民间大众，而非专业人士。再次，短视频应用不必付钱，平台上的视频应该免费提供给大众观看。从这些特性中不难看出，“新新媒介”的出现，不仅使得艺术创作的题材和内容更加生活化，还让大众参与艺术创造的门槛和成本降低了，使审美主体的审美偏好、审美习惯等都发生改变。

2. 虚拟审美空间的变化

随着移动网络发展，中心化的拟态空间特征愈加鲜明。随着互联网从 Web1.0 到 Web2.0 到移动互联的更新迭代，虚拟网络空间中的审美场域也发生了变化，其在继承前代已有特征的基础上，不断发展出自身新的特征。20 世纪 90 年代，Web1.0 时代的互联网不再是冰冷的技术，开始逐渐走进大众视野；而之后的 Web2.0 掀起了由少数主导向由用户主导的发展浪潮，用户的上网载体实现了由 PC 端到移动端的拓展，移动互联时代最具代表性的应用成为微信、微博、短视频等自媒体。审美场域与互联网的嬗变相同步，表现出了如下特征：一是平等性。由于网络设计的初衷就是建立一个无论性别、年龄和社会地位，每个人都有权力成为中心。审美主体之间有相对平等的地位。自媒体兴起以后，大众逐渐觉醒个体审美意识，人人都能成为短视频的创作者、观看者和分享者。二是符号性。审美主体在审美场内可以隐藏甚至重构一个完全不同的身份。审美客体高度抽象化，人们隐匿在一个个影像洪流和符号的背后，通过虚拟化审美的方式参与审美活动。三是互动性。网络空间建构起一个虚拟交往空间，拓宽了人际交往的范围、方式和维度。短视频不仅仅是一种文艺形态，而且成为了一种社交方式，人们通过评论、点赞和分享视频实现即时的互动和交流。于是，短视频就在这样一个具有平等性、符号性和互动性的审美场域中“生长”。导致用户不再被动地接受信息，而是占据主导地位主动创造、发布和接收信息，并且可以和处于网络空间其他节点的用户实现即时的互动交流。21 世纪初，第一代苹果手机的出现开启了移动互联网。

另外，短视频应用有着独特的审美趣味倾向。根据企鹅智酷旗下“企鹅调研平台”对快手和抖音用户研究的调研结果显示，在城际分布上，抖音在一二线城市渗透率大于快手，而在四线及以下城市，快手渗透率高于抖音；在学历分布上，抖音多数用户拥有本科以上学历，快手多数用户学历水平则在高中以下。这也就形成了抖音更加潮酷、年轻、有趣，而快手更为接地气标签。两者主要区别在于用户在经济、社会和文化资本方面的差异，导致两个软件在产出内容和作品风格上都有所区别。在抖音上，更多是城市里年轻男女多姿多彩的生活，他们在午后享用下午茶，运动健身，化妆打扮；而在快手上，更多呈现的是中国县城和农村生活的烟火气息，比如东北大汉一边吃着猪大肠，一边喊着“老铁，双击关注666”。观看者和表演者在各自不同的审美场中形成了审美趣味的共同体，以在确立自身主体性建构起群体的身份认同。

3. 技术维度下的短视频

正如周宪所指出的，“审美文化的当代发展呈现出一个趋势，那就是技术对文化的入侵和渗透”。事实上，在很久以前，技术和审美活动、文化艺术就有着密不可分的关系。互联网时代以后，技术在审美中占据了主导地位。移动通信技术和互联网技术交融之后诞生了短视频，它比传统意义上的任何一种文艺形态都更依赖技术，可以说离开了技术，短视频便无法发展，技术是短视频的本体属性。技术渗透在短视频的产生与发展、创作和传播等各个方面。技术性这一本体属性也是短视频表现出碎片化、瞬时性等区别于传统艺术形式的审美特征的原因之一。

（二）审美嬗变特征

1. 从整体性审美到碎片化审美

整体、和谐、完满是中国传统美学和西方传统美学共同的美学追求。在中国古典美学中，儒家讲求“和为贵”。王夫之强调要把握贯通审美意象的血脉，把握诗的整体意象。到中国近代美学，梁启超曾提出要善于把握事物整体的观点，“美术家雕画一种事物，总要在未动工以前，先把那事物的整个实在完全攫取。”可见，中国传统美学对于整体性有着很高的追求。直到后现代主义时期，社会文化思潮开始出现碎片化的倾向，在文学、哲学、心理学等各个学科都有表现。西方资本主义社会转向机器大工业时代与碎片化的出现密切相关，在后工业时代，个体自身可以脱离整体而产生价值。进入互联网时代以后，网络把世界连接了起来，更把人们的时间和空间都切割成了碎片。

审美对象形式和内容的碎片化、创作手法的碎片化和审美主体的时间碎片化三个方面都体现了短视频的碎片化审美。一是形式和内容碎片化。形式上的碎片化表现为短视频自身即审美对象的微小，这里的微小意为是时间短、体量小；内容上的碎片化表现为短视频多用片段性的形式将内容呈现出来，短视频的出现是网络通信技术、媒介文化和消费文化合谋的产物，这是与文学、电影等传统艺术形式不同的一点。二是创作手法碎片化。短视频的时间长度是有限制的，由于短视频依托于移动端应用程序和自媒体等媒介的特殊属性，其时长限制根本上是由短视频平台所定义而并不由创作者决定，如抖音平台最初限制视频长度在 15 秒以内。一方面使得创作者只能在短视频平台限制的时长内创作，较短的时长使得短视频只能呈现片段性的内容;另一方面，短视频时长虽然是基于观众审美习惯得出的，但大数据毕竟不能代表每一个个体，这种无形的“操纵”也引导了观众的审美偏好。三是时间碎片化。对短视频的碎片化审美一方面源于短视频自身的体量短小，但更与审美载体和观众审美需求的变化密不可分。

2. 从恒在性审美到瞬时性审美

传统审美的价值观不易改变，虽然在一定阶段内也会产生不同的审美观，但长期内趋于稳定。如中国传统美学追求隽永和韵味，陆机在《文赋》中主张以“虚静”的审美态度进行创作，这一审美观在中国传统美学中影响悠久，从中国柔美典雅的山水画、山水诗中便可见一斑。而今天，数字化技术普及，出现微小说、短信文学、微信文学等短小精悍的文学形式，电影比文学更受欢迎，短视频比电影更受欢迎。人们越来越没有耐心，看剧时通常采用“倍速”模式，影视压缩化视频受众颇多。

短视频在两个方面体现了瞬时性审美，一方面体现为“一次性审美”，对应的是经典性的消解；另一方面体现为对电子媒介带来的瞬时速度的审美，即审美过程的瞬时性。“一次性审美”，指的是在以秒计时的短视频洪流中，一个影像通常只被观看者看一次，不会反复回味。在快节奏时代中，审美主体普遍缺乏审视美学的时间和耐心，瞬时性的审美使得人们偏向观看能够带来瞬间快感的作品。这就促使创作者只能迎合大众审美需求，生产“快餐”式短视频，制造“抖”点和瞬间快感而忽略其完整性。长篇幅和慢节奏的传统电影能够让观众反复回味，历经时间而魅力不减。相比之下，短视频也就缺乏如电影一般持久的吸引力。另外，短视频中的热门音乐、舞蹈或段子，一成为热点，就会引来大量模仿，在短时间内成为热潮。但是热门元素以极快的速度更新迭代。瞬时性审美也体现在对速度的审美上。有学者指出，“传统的审美经验是一种‘历时性’的概念，表现为一种时间性过程的积累和延续。数字技术的模块化架构却具有‘加速度’趋向和缩短时间的功能。”电子媒介的出现加快了传播速度的同时，也改变了我们的审美经验。

3. 从精神愉悦到官能快感

“快感化审美”是指在对短视频的审美中，体现出趋于娱乐的快感和时尚感，来自多感官的快感刺激一定程度上削弱了精神美感。

现代社会中的人们在对视觉影像的追逐中体现出一种对人的感性维度的张扬。与传统审美时期阅读文学作品不同，人们在脑海中将抽象的文字加以想象，使其具象化，获得精神上的高级的愉悦感。当代审美越来越突出感官快感地位，就连文学作品也追求感官快感，“文学的审美，不再是一种追求精神的超脱和内心释放的精神愉悦，而是一种满足肉身需要的饕餮大餐。”而影像作品则更加直观化，其具象的外显性使得读者更容易接受信息，电影由于时长较长，有充足时间留给观众进行完整的审美过程，在享受视听快感的基础上还能获得高层次的精神愉悦。但对于抖音上的短视频来说，观众对短视频的审美体验大部分来自感官快感，而精神上的愉悦比例较低。

（1）视觉快感。作为一种网络视听艺术形式，短视频首先运用视觉感受的强大力量。为了争夺观看者的注意力，短视频播放的第一时间就得抓住观看者的眼球，创作者使用画面奇观、速度奇观或身体奇观来强化视觉冲击效果，吸引观众兴趣。其次，手机屏幕与电影屏幕不同，展现的内容十分有限，观看者将视线集中在小小的手机屏幕上，因此小屏幕上的短视频，通常会以人的身体为主要画面，身体表演成为短视频内容创作的主要形式。

（2）听觉快感。例如，抖音短视频平台被用作视频背景音乐或被传唱后而受到广泛关注的歌曲，这些歌曲经抖音短视频平台后广泛传播，被传唱到各个平台，以至于没有看过短视频的人都听过这首歌。

（3）触觉快感。研究参与艺术审美的审美感觉时，触觉往往被大家忽视。作为一种视听艺术形式，短视频固然优先通过视觉和听觉感官为观者带来快感，但是不同于电影等传统视听艺术的地方是，以智能手机等移动终端为载体，从电影荧屏到电脑屏幕再到手机屏幕，人们的触觉在触屏时代才真正参与了审美的过程。

（三）短视频影响下的审美困境

审美活动被网络短视频改变的同时，审美泛化、审美体验浅表化和审美认知错位等一系列问题，也为审美带来了新的困境。

1. 审美泛化

在短视频兴起的时代，人人都是艺术创作的主体。艺术创作的门槛降低，人们可以进行艺术创作并发表在网络上，可以利用各种图像、视频软件拍摄或动态或静态的画面，还可以利用手机上的各种软件进行创作，利用手机和图像、视频处理工具，人人都可以成为摄影家、视频编导，并且能将自己的微作品发布到大众视野中。媒介时代，人人皆可创造。在短视频创作中，“人人皆是艺术家”变成不争的现实，作品从创作、生产到接受、消费整个过程都明显呈现出审美泛化的趋势。

在短视频的审美中，艺术欣赏不再拘泥于某个特定环境，而“静观”、“凝神欣赏”的审美体验也改变为网络世界中的“匆匆一瞥”的走马观花和漫不经心，指尖滑动之间，无数作品呈现、消失。在西方美学史上都主张“静观”“凝神关照”的审美距离，本雅明将古典式艺术作品概括为“韵味”，也是强调其“静观”式的审美体验。然而在短视频的作品中，这些审美距离被削弱。所谓的艺术审美在随时可见且不再需要我们进入专门的场所欣赏，真正成为随处可见、触手可及。

2. 审美体验浅表化

审美主体面对客体对象时，中断现实时间进入到审美世界的自由体验的行为被称为审美体验，这是对现实世界的超越，在这种实在性超越中，生命整体的意向性被建立出来。人们日常审美的主要形式已经因为电子媒介的介入变成图像阅读，审美出现了视觉化倾向，一定程度上推动了审美广度的拓展，但短视频时代过度依赖视觉感知，也会削弱审美深度。比如公众更倾向于读图的快感，各种异彩纷呈、丰富多样的视频、图像给人以新鲜的吸引力冲击和视觉审美的快感，与此同时只需一划即可获取所需信息，其安全、便捷，轻而易举就能换来轻松愉快的体验也倍加诱人，从而冷落了文字阅读的爱好和乐趣……读者的注意力从文字转向图像，暗藏了破坏读者对文字沉思默想的感悟方式的可能性。不过图像感知的浅表化特征并不能成为人们对其拒绝接受的理由，甚至对其随意鞭挞，人们需要从另一种角度去思考。人类视觉经验的嬗变与图像符号的演进有深刻联系，图像是一种全息式、整体式的感知体验，同样是人类对世界的重要把握方式，既有直观感性的成分，也有瞬间理性的把握。图像比文字更具直观性、具象性、富于情感性，天然地与人的感受与审美密切相关，以图像的形式来感知世界，是人类在认知实践中的巨大进步和飞跃。

3. 审美认知错位

审美认知错位是指人们面对审美对象时，因审美主体的电子媒介依赖，将审美注意力迁移到电子媒介之上，形成主体的不在场状态，从而产生现实审美与虚拟审美之间界限的消失，进而产生审美认知错位。

传统审美过程是人们喜爱看美好的事物，因其形、色、声等受到触动，产生情感，感于物而动于中，形于色而喜于内，审美过程中进入美的情境，身心与美的事物交融，产生愉悦感和和谐感，使人的精神获得感性的充实和满足。然而当下随着以手机（加一个“为”字）为载体App微媒介不断介入生活，人们看到美的事物第一反应拿出手机拍照，制作视频，然后迫不及待分享到各种软件中等，等待他人评论、点赞，由此获得被关注的满足感。虽然审美主体身在审美现场，可是身心早已与美本身相隔甚远，呈现出不在场的状态。传统审美体验的意境性在“快餐式”审美方式之中逐渐丧失了，必然无法达到心与物忘我合一的状态，纵使欣赏也只是浅尝辄止，然后注意力就转移到电子媒介上，将现实审美转换为电子媒介审美。

4. 视觉审美的异化

自古以来，爱美之心人人皆有，而在今天，视觉文化盛行，这种趋势也越发显著。日韩文化的渗透，欧美潮流的风靡，微博上层出不穷的网红，在大众传媒时代，对于外貌的崇尚正在由电影、网剧、综艺等娱乐文化逐渐走向抖音短视频上，因为高颜值而收获众多粉丝的用户非常多，如网络红人温婉最初因在地下车库拍摄的音乐视频而走红，在社交网站上被网友疯狂转发，甚至在其因负面新闻被封停账号后，在其他用同款背景音乐拍摄的视频下，欣赏美好的容貌无可厚非，但容貌超越一切成为最重要的因素时，这种现象便再也不能被忽视。许多网红用户所发布的内容并不是真正意义上的一件完整的作品，粉丝的评论也大都停留夸赞容貌这一肤浅的层次上，有关歌唱技巧、性格等更深层次的维度的思考完全被忽略，这种撇弃自我思考的“高颜值”因素，对许多人来说有着无法抵抗的吸引力，在被戏称作“看脸时代”的今天，在技术、大众媒介和商业资本的共同推动下，靓丽的外貌成为许多年轻人竞相追逐的事物，似乎只要有美丽的容貌，内涵和实力等其他因素便无关紧要，平面杂志中的模特、广告中光芒四射的明星仿佛规训了人们的审美，热切追捧一切能让人变美的事物，消费社会的环境，颜值正逐渐异化为最重要的审视标准。

巴赫金提出的第二个世界和互联网世界有着很高相似度，对于短视频用户而言，短视频社交软件所提供的虚拟平台即为“狂欢广场”，在这个广场中，任何类型的视频内容都有可能被系统所推荐，无论是草根、明星还是网红，都能自由地展示自己，受众的点赞关注可以让拍客被加冕为“国王”，受众的厌恶抵制也可能让他被唾弃为“小丑”，在这样的互动传播中“狂欢世界”不断扩大，也给网络“审丑”之风的出现提供了条件。从客观事实来看，美和丑是一对对立又相互依存的概念，无论美丑都是人类的正常生存状态，后现代哲学思潮影响下的后现代美学所追求的破碎感、残缺感与丑陋感肯定了审丑在美学上的价值，审丑在一定意义上来说是对审美的一种补充，其价值合理性也在于此，但如果超过这个限度，成为个人的嗜好、群体标新立异的方式，或是资本牟取暴利的帮凶时，便会带来负面的影响，遗憾的是，当下的网络审丑之风也正在向这一方向演变。

许多短视频将丑角当作吸引大众眼球、制造利益的机器，商家共同打造和包装出诸多“偶像”来制造热点，获得关注。互联网世界，审丑之风盛行，另类形象总能引起人们的猎奇心理，流量的背后隐藏着巨大的商业利益，丑角在消费社会中也是一种稀缺的商品。

在这样一个视觉文化泛滥的快餐时代，草根群体崛起的微时代，大众的审美观念和审美活动与之前相比发生了巨大的变化。以短视频为例，它所反映出的审美嬗变呈现出两种极端的看法，有人支持，有人批判。笔者认为，应辩证地看待短视频这一新生事物和短视频所反映出的审美嬗变。一方面，短视频满足了大众的审美需要和体现了自我价值，大众参与审美和创作的门槛降低了，为大众提供了记录生活、自我展示与表达的平台，一个多元文化并存互渗的空间由此被构建。另一方面，以“短平快”为特征的短视频让大众的审美方式与思考模式被重新塑造，导致大众习惯在浅层思考艺术、审美，缺乏深度的思考与感知，陷入“娱乐至死”的深渊。诚然，我们无法预见短视频未来的命运。无论如何，短视频作为时代发展的产物，必有其存在的合理性。因此，为实现短视频良性持久地发展，也为克服当代审美存在的问题，短视频未来的发展可从三个方面引导：一是通过优秀的短视频作品引导大众建立正确的审美观，结合短视频自身特点建立短视频的生活美学。对美感的敬畏与日常生活审美化并不冲突，通俗与低俗、庸俗、媚俗之间绝不能画上等号。二是利用短视频中丰富的艺术资源，让短视频成为美育新途径。三是利用短视频贴近社会热点、贴近大众的优势，让短视频既建构起当代文化传播的新途径，又为我国优秀传统文化的现代性转化助力。

第八章　技术向度的智能异化和价值遮蔽

随着媒介平台经济发展，以大数据为基础的智能算法以其日益强大的作用力深入渗透到社会生活的各个角落。数据表明，目前算法型内容推荐占整个互联网信息传播的80%以上，在微媒介（特别是微视频）的信息传播中，智能算法的重要性更是日益突显。[①]不论信息内容推荐、在线交易等私人问题，还是教育评估、公共安全、社会福利等重要的公共议题，都在不同程度上展示智能算法的支配力与控制力。喻国明甚至提出，“算法即媒介”，随着传感器和机器写作的大量出现，“云”储存、“云”计算到“云”传播，“媒介日益去客体化”，“去实体化”的信息传播工具背后真正操控的是算法，“构成智能时代基础设施的算法便是一种更高意义上的媒介。”近年来，依托大数据和人工智能技术的迅速发展，不同平台在数据共享与商业逻辑上渐趋融合与交叉，“大数据＋算法”几乎成为社交媒介平台的技术标配。

一、智能算法的传播效能

（一）信息分发的个性化

罗伯特·斯考伯认为，与“场景”相关的五大技术力量，即定位系统、传感器、数据处理、移动设备和社交网络，正在改变用户体验，以智能手机为基础的社交媒体“能够根据你的位置和行为来推断你的需求。”服务是个性化的、智能化的，“你使用越多，它越了解你。”社

① 刘德群. 大数据驱动下的影视文本创作和生产模式变革［J］. 南京大学学报（社会科学版），2019（04）：38-45.

交媒体算法往往从用户、内容和场景三个维度进行适配，以实现对用户的个性化场景传播，无论是采取协同过滤式的算法推荐，还是基于内容分析的推荐，最初的算法总是以用户为导向，在移动场景和私密性场景中为用户提供分众化、个性化的信息服务，用户的需求得到了更精细的满足，主体地位得到了根本性的提升。

无论在抖音、快手等短视频平台，还是在今日头条等客户端，智能算法从下载客户端开始就在搜集用户数据，比如手机号、身份信息、头像、照片、地理位置、应用场景等等;用户在信息浏览过程中的点击、点赞、评论、转发、搜索和订阅行为，平台自动记录和分析、画像、匹配。算法根据用户数据资料和浏览记录判断用户喜欢什么，然后投其所好进行商业化推送，既推送他喜欢的内容，也推送他可能需要的产品。宣传语“你关心的才是头条”，形象描述了这种传播逻辑。算法主导的信息“个人化”分发机制可以高效地满足“私人订制”。“连接”是互联网的本质，而社交媒体平台、用户与信息之间基于大数据的“算法再连接是智能传播的核心。”由算法形成的拟态环境，已经无声无息地嵌入到移动媒介生态，绝大多数用户无法分辨算法议程和媒体议程的区别。

尼古拉斯·尼葛洛庞帝在《数字化生存》中提出数字化时代将出现极端个人化的“我的日报”，智能算法个性化分发将它变成了现实。基于用户注册、地理位置、浏览历史等数据，社交媒体为每个人量身定制不同的页面和阅听偏好，信息传播朝完全个人化转向。真实个体和“云”端的信息个体通过算法连接和互动，甚至出现虚拟化的“数字幽灵”，这是“算法传播范式革命的显著成果。”从“云”个体、“云”计算到智能化“云”社交，基于数据分析的各种自动化算法程序广泛地活跃于社交网络，不仅存在自动转发，自动回复，自动社交，还出现冒充真实个体，试图诱导消费和左右社群舆论。如在西方某国家的政治竞选中，一些微媒介社交平台活跃着智能社交机器人，为用户“私人定制”有偏向的政治信息，发送和评价政党新闻，干扰和操控选民意见。以大数据为基础的智能算法推荐当中也同样存在“把关人”，不仅被授权者所接触和获取的“元数据”经过一定的筛选与过滤，而且以市场逻辑建立的算法框架也必然符合权力掌控者的利益诉求。① 主流媒体需要旗帜鲜明地提出和实践媒介算法，以此遏制互联网流量算法在信息生产与传播端带来的“外部性”或负溢出效应。人民日报与百度共同研究“媒介算法”，用社会主义主流价值观打造新型主流媒体，让算法技术为官方媒体赋能。社交媒体也积极响应，比如，面对“疫情突发”“佩洛西窜访”等事件，很多微媒介平台通过调整算法推荐权重，将人民日报、新华社等重要媒体的新闻信息置于优先级别，加大推荐比例，让算法更深入地为正能量新闻信息服务。

（二）短视频生产的定制化

社交媒体的信息传播，由传统的大众传播范式向极具个性化的群体传播范式转变。数字时代的互联网信息传播以流量计价，流量往往代表“热点事件”，流量表达用户喜好，流量也意味着粉丝量。在信息超载的互联网空间，用户的注意力决定内容生产的价值，而用户注意力最直接的表达就是流量。以算法程序为基础的智能分析软件不仅能够迅速发现和识别互联网平台中的流量“热点”，还能够通过大数据分析和深度学习技术掌握“热点事件”的基本特征以及预测一些潜在的流量“热点”。从产品营销角度看，无论是个性化需求还是不断催生的“热点”需求，均将潜意识地影响和改变内容生产方式。算法技术不仅变革了短视频分发模式，从某种角度也显著影响和决定内容生产。

在西方国家的社交媒体平台，UGC（用户原创内容）也可以直接介入和提供新闻，为了吸引流量，自媒体甚至可能发布或制造虚假新闻或“轰动事件”；在政治竞选中，总统候选人在社交平台发布的政治信息也可能有虚假、偏见或种族歧视。对此，英国学者飞利浦·霍华德批评道：大数据算法“不能识辨热点新闻的真假”，导致“网民对谣

① 唐荣堂，童兵．“传播即权力”：网络社会语境下的“传播力”理论批判［J］．南京社会科学，2018（11）：109-114.

言的关注度大于对真实新闻的关注度”，用户往往把大量的时间和注意力集中于机器算法推荐的所谓“热点”新闻，而不是来自品牌传统媒体的专业主义新闻报道。事实也是如此，用户对这样的算法新闻“热点”乐此不疲。另外，社交媒体中大量存在的虚假信息反而导致“事实核查”类新闻网站的崛起。

互联网新型传播范式逼迫传统新闻机构进行范式调整。传统的模糊化的大众传播模式向更为精准地网络群体传播模式转变，随之带来的内容生产的“个性化”“精准化”甚至“情感化”，社交媒体不同的用户社群也要求内容生产的“个人定制”，大众传播时代“一条新闻轮番播”的模式已经行不通。随着抖音、快手等短视频门户社会影响力的提升，逐渐成为主流媒体视频内容生产与传播的主渠道。新的媒介生态和传播环境下，主流媒体主要通过范式修正和建立新的运作常规以回应新媒体的挑战。比如在选题策划阶段，借鉴一些“热点事件追踪”分析技术或软件，对传统媒体内容生产流程改造。在生产制作阶段，针对不同区域的热点人群画像特征或偏好，对新闻短视频的话语或情感模式进行改造，“千人千面”，很有可能不同用户人群看到的内容也会略有差异。算法不仅改变了互联网信息传播范式，还直接参与智能化短视频内容生产。新华社旗下公司开发的“媒体大脑”可以智能生产 MGC（机器生产内容）视频新闻，“媒体大脑”已经在新闻、体育、汽车、影视、综艺等题材领域进行智能化视频生产探索，能够完成包括视音频采集、视音频分析、标注标签、短视频智能生产、版权追踪、传播力分析等任务。

（三）内容审核的智能化

人工智能算法不仅参与内容生产与分发，还深度介入微媒介内容审核审查过程。UGC 内容生产模式为社交平台带来大量纷繁复杂的内容，例如，抖音春节期间上传的短视频高达数千万条，在时效要求和用户体验之间，平台开发出智能审核系统与人工审核相结合，进行内容把关。短视频平台日常审核管理的短视频数量巨大，首先通过人工智能系统初步审查，大致经过违规内容“数据库匹配”“视频转图片”“声音识别”等流程对短视频内容进行机器智能审核，筛查出来未能通过的内容进入人工审核环节。人工智能算法能够模仿人类决策，能够不断自由学习，复制人类的决策过程、操作实践包括惯习和偏见。

非法内容是社交平台智能审查的重点。人工智能算法运用在短视频审核过程中，有利于提升效率和速度，降低管理把关内容的成本。但是算法审核是机械的、绝对性，往往会出现误伤无辜账号信息。网络社交平台对用户发表或上传、转发的内容，通过数据库比对和智能审核系统比如敏感词自动识别与审核，这些敏感词或影像包括政治人物、法律规定的禁止性内容等。

当社交媒体成为新闻的重要来源时，平台上的虚假新闻泛滥问题也日益引发关注。脸书、推特、抖音等社交平台不断加强对虚假新闻的打击，开辟“#谣言”等超级话题。脸书上线“争议标签”功能，对虚假信息进行标记。在每条新闻设置了虚假新闻的一键举报机制，当某条新闻的真实性存疑被用户标记到一定数量，就会自动转送给“第三方事实核查机构”核查。脸书还推出针对新闻的用户评论优化程序，自动把用户评论区中含有“假”这个词的评论置顶，以提醒用户警惕。谷歌也上线了“事实核查”功能，并且与一百余家第三方事实核查机构合作。对谣言的自动预警与核查机制。人工智能技术为社交媒体平台上的谣言自动检测提供了多种可行性方法，包括“使用人工设计特征的方法、基于深度神经网络的方法和基于传播模式的方法。”主要“利用疑似谣言的相关信息如文本内容、评论信息、转发模式、发布者的个人资料等来自动识别和预测该条社交媒体信息是否为谣言。”

社交媒体为个体赋权后带来的“后真相”，也许再也无法重回所谓“新闻专业主义”那种单一“真相”时代。澳大利亚学者约翰·基恩认为“真相是有很多面的”，它绝不是“真相和假象、真理和谬误的二元对立”，“‘后真相’的解药不是重回真相。”后真相的出现，让我们思考“真相本身是如何被塑造出来”。正如麦克唐纳尔德在《真相：每个故事的碎片如何形塑社会现实》一书中提到的“片面真相”“主观真相”“人造真相”“未知真相”等各种所谓的“真相”。科林·怀特认为“后真相”不仅涉及“内容生产”，还涉及“信息接收”领域，对于用户或粉丝在接收端的“解码”，再高明的“人工智能事实核查机制”也无能为力，人们根据自身业已形成的思想价值观、文化教育背景、社会阶层等思维框架来解码信息以及形成社群共识。

（四）大数据的流动监视

在“后台”大数据和算法技术的垄断加持下，更多的网络微媒介平台公司成为大数据领地的“管理者和主人”。大数据结构和形塑的领域很大程度上是不可见的，获得的权力也是悄无声息的，智能机器被程序设定自动决定谁成为监测对象，谁被忽略，从事何种活动，担任何种角色，具有何种价值等等。关键是这已经成为互联网公司或者说任何现代公司的商业模式，被大数据技术威权和权力约制。正如谷歌公司哈尔·瓦瑞安（Hal Varian）揭示出互联网大数据时代监视资本主义的内在逻辑，即智能计算机通过数据提取和分析，以“个性化和自定义”的形式更好的监控以达成新交易。

移动互联网以及智能设备的普及，个人乃至群体的各种行为数据被智能计算机收集、存储、分析和诱导交易，出现了所谓“流动的监视”“传感器驱动的大数据让监视自动化，并对数据进行自动化处理，社会变成了福柯所说的‘全景监狱’。”智能设备每时每刻都在产生数据，监视着个体或组织的行为痕迹，个人和群体数据被特定企业或他人有目的的收集、储存、占据，带来无处不在的数据监视。个体甚至特定组织在互联网大公司面前越来越透明，而互联网公司后台如何处理这些数据却依然处于暗箱中，大数据技术带给私有化互联网企业越来越大的技术权力，在西方国家引发社会公众对由国家法律保障的民主自由即将消亡的疑虑。

算法技术以攫取个人一般数据为前提。短视频平台基于算法推荐的应用程序，是以个人信息的获取为前提。智能手机的广泛应用为其用户画像、大数据分析、算法推荐提供了便利。当个人使用数字化产品或软件越多，导致越来越多由个人提供或生成的数据被公司或他人占据和控制。当智能手机、智能穿戴设备和物联网连接后，个人行为产生的数据随时随地被记录，在这种大数据面前个人基本上实现了透明化，可以完全被跟踪、分析和监测，可以说在大数据面前无隐私可言。在智能算法信息传播时代，无论是移动短视频平台还是手机其他App应用，业界普遍实施“使用即同意”的策略，用户的各种网络个人信息包括隐私不断被应用程序收集、使用和转授权使用，用户对这些信息是否正当、合法、必要的使用并不知情。互联网平台公司在采集用户数据时应该尊重用户知情权和选择权，包括对用户数据的转授权以及数据处理目的和用途等行为。

二、智能传播的价值遮蔽

（一）智能算法对文化决策的僭越

尼尔·波兹曼认为，技术垄断首先在美国兴起，当抵御信息泛滥的防线崩溃之后，技术垄断就大行其道。技术垄断是一种文化状态，是一种心态，是对技术的神化，也就是说，文化到技术垄断里去谋求自己的权威，到技术里去得到满足，并接受技术的指令。技术垄断就是极权主义的技术统治。所谓技术垄断论就是一切形式的文化生活都臣服于技艺和技术的统治。到了技术垄断时代，文化向技术投降，并沦为技术的奴仆。[①]

随着智能算法在微媒介领域日益广泛的应用，算法不只是实现了智能个性化信息内容分发，还直接参与短视频的创作、审核和互动。“媒体大脑”智能化采集、分析和生成短视频，传统的“具有作者权威的主体被去稳定化了”。智能算法技术通过大数据跟踪人类行动，洞察人类心理，代替我们思考，在智能传播活动中机器直接替代或僭越人类

① 〔美〕尼尔·波兹曼．技术垄断：文化向技术投降［M］．何道宽译．北京：中信出版社，2019．

的文化决策，这也是技术决定论学者所担忧的。当海量的短视频内容及其算法推荐技术占主导地位后，智能传播技术更加主动向用户推荐内容，用户开始被动接受机器认为你需要的内容。可以说，智能技术第一次开启机器主动向人类提供信息，发动具有文化意义上的进攻，机器不再被动地等待受众前来观看或点播。而此前，无论在电视传播领域，还是在视频网站长视频传播领域，这些机械技术或数字技术均无法实现为内容找用户的功能，只能定时定点放在某处，等待用户来取，定时开机收看、点播、点赞、评论等行为背后都是用户占据主动。而人工智能传播却开启了从信息到人的机器主动传播与信息文化智能决策的阶段。

在数字经济平台，随着线上窗口和线下实体的融合，通过在线视频或短视频内的链接随时可以切换文化消费和商品消费，“休闲、娱乐和文化已交织在一起，文化活动和娱乐活动已不再被完全分离开，同时商品消费和文化消费也融合在一起。”阿里、腾讯、百度、字节跳动等互联网科技公司通过资本并购和技术垄断，既是经济实体，又是宣传实体，既是在线商品消费生态圈，又是智能在线文化形塑控制者，它们之间互相影响相互支撑。在后现代消费主义潮流中，借助技术赋权和科技神话，各垄断平台悄然打造自己的消费文化和文化消费帝国。智能社交媒体平台也集聚了现代生产力和生产关系的再生产，以智能算法技术为代表的现代社交媒体不仅是数字经济时代生产力的增长点和新动力，也是社会文化、娱乐、消费新观念的重要信息源。在智能算法和微媒介传播时代，垄断先进技术不仅在传媒生态圈重构新媒体文化过程中占据主导地位，而且对社会大众的思想观念发挥至关重要的影响。在市场经济中，垄断媒介技术往往意味着垄断利润，智能算法技术的效率越来越成为获得市场及其利润的决定性因素。如果从静态的历史横截面来看，也有批评者称，这种技术决定论有可能身陷“媒介中心神话”的危险，过于突显媒介的重要地位。尼尔·波兹曼提出，面对技术垄断，文化不能向技术投降。

（二）智能传播的权力误用

传播学者哈罗德·拉斯韦尔认为权力是一种影响力，权力就是施加影响力的特例，是借助真实的或威胁性的制裁对背离推行政策的行为施加压力从而影响其决策的过程。随着人工智能在短视频传播领域的应用和提升，机器算法的决策对用户信息获取施加越来越明显的影响，机器不仅洞察用户的心理，甚至代替用户思考和决策。从信息文化接受的角度说，信息传播机器越智能，机器集聚的传播权力越大。以大数据和算力为基础的智能算法，在社会本质上是一种权力，智能算法为核心的传播技术正在重塑整个新闻业的传播模式，大数据算法打破了传媒与电商等其他行业的边界迅速进行以数据为基础的跨界整合，算法技术不仅能够赋能与赋权，而且它自身就构成一种权力的行使和对于传统权力模式的替代。微媒介社交媒体，使用用户生产和智能算法推荐技术，轻松化解了传统媒体时代的内容采访权、编辑权、审核权、发布权等传播权力，甚至整个内容生产和传播过程日益由智能机器代替。以“媒体大脑”“AI 合成主播”等为代表的智能化编辑部加速催生了机器生产内容模式的到来，传统的主要人依靠记者编辑等人力资源来完成的新闻生产与传播环节，逐渐向人机协作或智能化程序机器为主的智慧传播转变。

技术并不是中性的，技术的工具理性不应凌驾于价值理性之上。智能算法工具理性具有精准、快速、高效的特点，但它往往忽略价值理性中那些思想意识、义务、美、规训等信念，应该让智能算法充分体现人的主导性与价值观。智能工具的开放普及也带来了意想不到的后果，比如短视频类的深度伪造技术不仅挑战了新闻真实性原则和用户追求真相的价值观，甚至威胁国家安全、企业和个人的合法权益。国外有科研机构公开了一项制作假视频的新技术，可以对视频中人物的讲话增加、删除或修改部分词句，视频中讲话者的口型随之改变，效果十分逼真。这种“深度伪造”是人工智能传播技术带来的挑战之一。

（三）智能推荐的意外后果

智能算法技术已经成为媒介传播的主导技术，但是算法推荐却带来各种意外后果。无论是智慧媒体、智能社交还是算法推荐，在信息传播领域带来更大范围的信息茧房效应、回音壁效应等负面影响，从而让“重新部落化”的某些网络群体，获取信息渠道和途径更加狭窄，导致思想视野和情绪性格更加狭隘和偏激。智能算法推荐把具有相似情感、志趣、价值倾向的用户通过协同过滤机制聚集到了同一话语空间，助推情绪极化和社会分化，甚至大数据算法还具备把用户群体认知整合转化为网络集体线上或线下行动的潜力，深度参与美国政治选举的社交平台智能算法，产生难以预估的政治后果。由此，在智能算法推荐中，需要对传播的短视频或相关互动信息进行某种价值观纠偏，使之产生更多的正能量“回声”。在微媒介的算法加入核心价值观元素，也是对算法优化和引导的需要。

另外，算法歧视用户的现象也是微媒介传播面临的价值伦理问题。算法技术可在信息采集、特定推送和个性定价三个阶段对用户实施显性或隐性歧视。英国学者阿里尔·拉扎奇等在《算法的陷阱》一书中分析了优步（Uber）等多家互联网平台企业利用动态定价算法对用户实施价格歧视的现象，并认为充当“中间人”的算法的存在，会大大减轻企业管理者对消费者实施价格操纵和价格歧视所带来的负罪感。算法歧视现象见于就业、信用、投资、公共服务等多个领域。从抖音算法推荐的短视频内容镜像中发现，推荐算法把作为母亲身份的某高校教师限定在亲子、育儿和生活三个领域内，连续推荐育儿、家政等内容，是将母亲等同于家庭主妇，再将家庭主妇视为只有亲子育儿和家庭生活信息需求的人，本质上是算法对母亲形象的刻板化和对母亲身份的一种偏见或隐性歧视。从技术角度看，造成算法歧视的原因是算法对用户画像的不精准和简单化。本研究中的短视频推荐算法通过对用户使用过程中的社交手势进行抓取和分析，对浏览行为和主动表现的偏好与用户注册信息中的性别、年龄、注册地点等元数据相融合，构成一幅简单而粗糙的用户画像，并据此进行内容匹配和分发。将用户复杂丰富的动机、行为、情感简单化为社交手势这一单一维度，正如有学者指出的，人们高估了数据和算法对人类情感的量化能力。基于简单、不精确的用户画像而将用户限定在特定的某几类内容中，忽视了用户作为整体的人应有的多样化的信息需求。

三、反思：技术向度下媒介异化的协同治理

智能算法带来互联网信息传播范式的变革，直接参与微媒介内容（主要是微视频）生产、推荐和流动监视，让传播内容更加个性化、定制化，内容审核更加智能化，带来诸多便利。不过，智能传播也存在信息窄化、权力寻租、用户歧视、僭越人类文化决策、忽略义务、美、规训等价值思想等价值遮蔽问题。算法技术操控下的微媒介在伦理价值传播中的风险防范，需要政府、行业协会、媒体平台、用户等多方参与、协同治理，只有让智能算法的“暗箱操作”处于阳光下，充分发挥行政法规、第三方评价监督、传播实体算法自律等方面的治理、引导作用，才能使智能算法更好地服务于普通大众。

（一）强化政府与平台的合作

1. 推进后台运行的前台化

“暗箱操作”最好的治理方式就是阳光化，政府是推动算法透明重要的参与力量。在保护核心技术前提下，政府、企业、协会、公众等多方的参与、监督、测评，提高不同领域算法的透明度，这将能推动算法的进一步完善和优化，有效解决算法的工具理性凌驾于价值理性问题。比如，用户经常会对平台的审查处理不满，政府可组织听证会，把知情权还给用户，明晰平台对个人数据的使用和幕后审查过程，用户也能够据此调整与算法的互动行为，自主地控制个人数据和信息。

2. 政府公权力的协商管理

随着大企业成为人工智能、算法技术等研发的主导力量，政府的公共治理已经离不开掌控核心技术的平台参与，技术权力对公权力的影响日益加深。部分由政府单独开展的监督管理权转移或授权给了技术公司，形成政府监管平台、平台（公司）监管账号的协同监管。比如，当平台公司的智能过滤系统和审核机制参与网络短视频非法内容的监管时，实际上，数据审核的标准就被平台公司掌控了，且政府后期的监管执法好还需要平台的数据。互联网时代，政府不再是研发的唯一主导，不仅技术理性治理，甚至技术价值理性的引导，都需要掌控智能技术的公司的参与。

（二）制约"文化""经济""技术"等垄断资本

1. 对文化资本权力进行规训

一是政府法令对文化资本的传播内容具有硬约束。在文化资本的生产再生产和媒体传播中，无论是个人的媒体账号，还是网络平台账号、社交软件账号，都有遵循所在国家、地区法律的义务。二是行业协会的内容规范对文化资本的协调管理。具有较高的威望或政管理色彩的行业组织，凭借评介、激励等方式，也具有较强的约制功能。比如，中国网络视听节目服务协会，通出台发行业自律条例和网络短视频、综艺节目等内容审核标准，对文化资本、网络视听内容发挥着评价、督促、引导、激励的功能。三是社会制度内化为平台的内部规制。短视频平台公司通过签订的协议来体现私权力，实现文化资本权力的积累。用户协议也是受制于法律框架，只有遵从法律，公司的私权利才有基石、有保障。在违法违规等风险控制方面，微媒介平台在违法违规等风险防范上，基本都有"黑名单"管理、用户投诉处理、版权管理等机制。比如快手、抖音等平台成立"社区自律委员会"，多途径开展内容规范的多元治理。

2. 防范经济资本的操控

无论主流媒体还是商业平台，短视频舆论导向的标准都是相同的。一是适时推进特殊管理股制度改革，从现代公司治理结构层面确保互联网传媒公司的政治方向以及防范单方资本利益对传媒内容的直接干预。二是借鉴西方传媒资本的“15% 规则”，防范大股东控制垄断。为了防控媒介领域经济资本权力对言论自由、媒介传播或社会舆论的直接干预，有些国家立法保护公民在媒体上的言论自由，有些国家出台禁止媒介资本的垄断性控制法规。

3. 制约垄断技术资本

一是引入算法伦理审查机制，遏制算法偏见、算法歧视等伦理风险。资讯类算法推荐中算法审查，要按照公共利益原则、情境理解原则、介入必要原则和介入无害原则，主要包括依托平台资源和用户资源等途径。国内的《互联网信息服务算法推荐管理规定》提出要定期审核、评估、验证算法机制机理，加强用户模型和用户标签管理。二是加强隐私数据的法律保护。部分移动平台，就存在用户过度搜集个人信息或未经授权情况下个人信息商业化问题。当这些误导性信息内容关联决策时，就存在是否合法和正当的问题。

（三）公众参与权力监督的运行

一是个体参与权力监督和社会治理的组织化、制度化。公众参与社会治理可以分为个体化和组织化的公众参与。个体化的公众参与社会治理往往是零散、无序、不可预见的，通过信访、网络投诉、“内幕”曝光等形式，社会个体的参与度与事件性质、个体意志和社会渠道的开放性呈正相关。当自下而上形成的社会组织，与行业内个体存在广泛联系和利益关系，社会组织的“意见领袖”功能可以进一步发挥和增强。不同的社会群体成立代表自身利益的社会组织，在社会治理或政治活动中协商谈判，在提高社会治理透明度的同时，对智能算法的权力腐败也有较强的遏制功能。

二是增强社会公众参与权力监督和社会治理的意识和能力。社会组织参与权力监督和社会治理也是实现人民当家作主重要内涵之一。克莱·舍基指出，网络时代公民社会通过各种社交平台形成“无组织的组织力量”。[①] 当个体命运或个体事件通过“共情”共鸣，形成网络群体行为时，弱势群体也可以借助网络力量对抗强势机构。随着各级各类管理部门素养的提高，信访、网络互动以及通过社会组织参政议政等途径的增多，社会公众参与媒介传播监督和社会治理的热情和意识进一步提高，公众的信心也能进一步被激发，推动正循环效应形成。

① 郭淼，王立昊．抑制与绑架：抖音用户的“算法焦虑”[J]．新闻与写作，2021（04）：99-102.

结 语

随着信息技术的迅速发展，以微博、微信等微媒介为代表的新媒体时代迅速崛起，新媒体较之传统媒体在传播速度、信息特征、受众范围等方面都存在着显著的差异。微媒体在逐渐深入日常生活的现代性背景下，成为人们感官的一部分，在某些时刻甚至跳脱出“人的延伸”的角色，成为使用者的主人。如麦克卢汉指出，媒介不单是信息的载体，还是对人类感官的延伸，同时这种延伸并不是一种静态的形式，人的任何一种延伸，无论是肌肤还是手脚的延伸，对整个心理和社会的复合体都产生了影响。微媒介时代，新媒体技术通过移动互联网和智能手机进行广泛传播，不仅能提供高速、便捷的信息传输与查询，还能通过其相结合的多样性功能把生活中的很多服务都变得移动化、智能化。在此过程中，人们能随时随地享受更加便利的生活以及享受媒介技术为社会生活带来的便利和高效，也面对着媒介技术带来的虚拟化、碎片化，被操控、被异化等问题和生存挑战。

微文化视域下，我们既要看到微媒介带来的巨大便利和变革，也要警惕微媒介带来的异化表征和负面影响。一是断裂性思考方式的出现。碎片化的文本内容以及碎片式的传播方式，使受众逐渐形成碎片式的阅读方式和思考方式。微博、微信、微视频、微电影……人们每天通过电视、电脑、手机、平板电脑、电子书等各种不同的载体，通过多种的途径获取信息。微传播碎片化带来了复杂烦冗的信息，面对海量的超载的信息，以及受众有限的时间和注意力，不可能关注到所有的信息内容。人们往往只抓取关键词和图片，以获取信息，注意力大多投放在自我兴趣爱好和需求的话题上，缺乏深度阅读的耐心与定力。虽然，碎片化传播，可以使碎片时间更有效地利用，碎片式的阅读使受众实现随时随地阅读，满足受众信息量的需求。可以促进草根文化的发展，带来全新的文化形式，也增添了社会文化的多样性。但碎片时间的媒介使用习惯也造成了浅阅读浅思维。另外，移动化的传播终端、多功能的传播技术在满足受众零碎时间内的信息需求和娱乐需求的同时，也带给受众丰富的传播体验。但随着碎片式的浅阅读的群体迅速膨胀，人们在浅尝辄止、蜻蜓点水般的阅读过程中，疲于深度阅读，懒于思考，只保留相关的零碎浅表的印象，还会加剧碎片化信息的涌现。

二是“娱乐至死”状态的持续。微时代，网络媒介以丰富的传播资源和传播方式、多样化的传播技术，以及海量的信息内容建构了一个赛博空间的乌托邦，它可以带给受众不同的传播体验，受众仿佛是置身于狂欢节的现场，热闹非凡、震耳欲聋，带给受众狂欢式的体验。狂欢是没有边界的，不受限制，全民都可参加，统治者也在其中，所有的人都参与其中。“微”媒介、“碎”传播改变了公众话语的内容和意义。微传播碎片化带来的是大量碎片化信息，利于吸引受众碎片式的注意力，投入时间短，停留时间短暂，这也就造成了微传播碎片化内容娱乐性强的特点。微博热门排行榜上占据榜首的多为娱乐性信息，占据影响力排行榜和人气排行榜前列的，多数为明星。而微视频、微游戏等微传播大都以娱乐为内容，以娱乐消遣为目的。受众过度地享受微媒介带来的狂欢盛宴，并将这虚拟的空间的狂欢带到了日常生活中，将模糊现实和虚拟之间的界限，形成更加严重的依赖。从微博控到低头族再到随时随地手机淘宝，手机支付，无论是公交车上、办公室里，还是饭局餐桌上，睡前床头边，手捧手机或是平板电脑，发着微博、刷着朋友圈、看看新闻八卦、打打游戏刷新排名，已经成为微时代受众的常态，越来越多人成为“抖音控”“微信控”“低头族”，短信膀、触屏指、干眼症等病症也越来越普遍，几乎成了微传播碎片化时代受众的通病。美国传播学家梅尔文德弗勒和桑德拉鲍尔洛基奇认为，当人们越来越依靠媒介来满足自我需求，那么媒介在人们生活中扮演的角色就会越来越重要。相应地，媒介对于人们的影响也会成正比增长。面对快节奏、高压的生活模式，微传播平台成为了人们消磨碎片时间，缓解和释放高压力的主要阵地。微传播媒介在碎片化的社会环境中以其碎片式的传播方式满足了受众碎片化时间和内容的需求，“媒介依赖症”这一现象日益普遍化。[①]人们是无限信息流中的一个环节，人们被各种各样的信息撕成碎片。一旦过于沉浸在当下的枝节和琐细之中，过于沉浸在娱乐之中，人们就会缺少总体性的视野，缺乏超越性的怀疑精神。

三是对精英文化的冲击。系统的、整体性的、历史的、连续成体系的精英文化是一个完美体系。在去中心化、分化的微传播时代，碎片式的传播方式、碎片化的传播内容以及碎片化的传播主体和受众，割裂了精英文化体系，使其完整性破裂。人们进行消费是为了满足自身功能性需求，在符号控制下的消费是人们为了追求物品符号上的炫耀性和区分性。在此种情况下，物品因其符号功能而相对丧失了客观实用功能。鲍德里亚认为，当今消费已不是功能性和实用性消费，不再具有合目的性和理性，消费系统并非建立在对需求和享乐的迫切要求之上，而是建立在某种物品符号和区分的编码之上。微传播媒介本身作为一种信息，也被强加于这个世界并且被消费，为人们提供去历史性、去背景性、去文化性的符号内容。碎片化使大众媒介文化展现出商业的、时尚的、光鲜亮丽的一面，而深层次的、具有底蕴的精英文化被大大削弱。精英文化与草根文化混合，不同阶层文化间的界限变得模糊。微媒介传播冲击了文化的精英性，削平了文化的专业门槛，几乎人人都可以是信息的传播者，对知识的传承和文明体系构成极大的挑战。越来越商业化的微传播为了吸引受众的眼球，一味地追求低层次和庸俗化的娱乐信息，降低人们的审美情趣，转移了社会公众对高雅艺术的注意力和鉴赏力。以草根阶层为主要构成的微传播热衷于

① 〔美〕尼·尔波斯曼．技术垄断：文化向技术投降［M］．何道宽译．北京：北京大学出版社，2007.

流行文化和娱乐八卦的传播，缺少具有内涵的深度思考，缺乏底蕴。另外，信息泛滥容易使信息之间没有相互关联，脱离原有的语境，不利于历史的连续性，影响传统文化、精英文化的传播。

四是虚拟传播的价值遮蔽。微媒介盛行，人们日益生活在网络的虚拟时空中，并对其越来越依赖，不仅人类的生存时空被虚拟化了，就连人类的主体性和自我意识也越来越虚拟化和多变性，导致越来越分不清虚拟与现实二者之间的界限，进而造成主体的离散化和人格的分裂。其次，随着人们沉浸在媒介中越来越难以自拔，虚幻的网络世界日益成为人们的精神寄托，传统的社会约束和价值规范对其约束力越来越弱化，个体世界的关注日益成为日常生活常态，网络世界不但没有使人的生存空间扩大，反而越来越狭小，人们被网络上的碎片化信息所占据，精神世界日益隔离在家庭组织、社会网络之外，传统的血缘关系、地缘关系等逐渐被淡化。再次，微时代的文化因其娱乐化和商业化倾向，使得长期浸淫其中的人们被其商业化思潮，注重物质消费的价值观所影响，被网红们的一夜成名与名利双收所吸引，受其影响而形成功利主义的价值观，当下一些年轻人的理想就是成为网红，这是被误导的价值观。网络时代碎片化、海量化、娱乐化的信息泛滥，人们在娱乐化的快感中容易丧失主体觉醒意识。同时在良莠不齐、鱼龙混杂的信息中，难辨真伪，人们仅仅获取缺乏深度思考的浅表化信息，也影响形成正确的价值观。

由此，微媒介在给人们带来巨大便利的同时，日益成为支配和控制人的异己力量，也会产生一些负面问题。我们应该深刻了解所身处时代的媒介变革及动力机制，正确认识媒介与人、媒介与社会、媒介与文化等的关系，这样才能更好地透视社会、反观自身，也才能及时警醒并采取必要的措施，使技术为人服务的同时，最大限度减少媒介对人和社会的负面影响，控制技术发展带来的人的异化，使科技复归到人性化轨道。

参考文献

一、著作类

[1]〔加〕马歇尔·麦克卢汉．理解媒介——论人的延伸 [M]．何道宽译．南京：凤凰出版传媒集团，译林出版社，2015.

[2]〔加〕马歇尔·麦克卢汉．谷登堡星汉璀璨——印刷文明的诞生 [M]．杨晨光译．北京：北京理工大学出版社，2014.

[3]〔美〕查理斯·特斯林．媒介即生活 [M]．王家全译．北京：中国人民大学出版社，2014.

[4]〔美〕保罗·莱文森．新新媒介 [M]．何道宽译．上海：复旦大学出版社，2014.

[5]〔美〕保罗·莱文森．软利器 [M]．何道宽译．上海：复旦大学出版社，2011.

[6]〔美〕道格拉斯·凯尔纳．媒体文化——介于现代与后现代之间的文化研究、认同性与政治 [M]．丁宁译．北京：商务印书馆，2004.

[7]〔美〕马克·波斯特．第二媒介时代 [M]．范静哗译．南京：南京大学出版社，2001.

[8]〔日〕水越伸．数字媒介社会 [M]．冉华，于小川译．武汉：武汉大学出版社，2009.

[9]〔英〕盖恩．新媒介：关键概念 [M]．刘君，周竞男译．上海：复旦大学出版社，2015.

[10]〔美〕林文刚．媒介环境学：思想沿革与多维视野 [M]．何道宽译．北京：北京大学出版社，2007.

[11]〔加〕哈罗德·伊尼斯．传播的偏向 [M]．何道宽译．北京：中国人民大学出版社，2003.

[12]〔美〕刘易斯·芒福德. 技术与文明[M]. 陈允明等译. 北京: 中国建筑工业出版社, 2009.

[13]〔美〕尼尔·波兹曼. 娱乐至死[M]. 章艳译. 北京: 中信出版社, 2015.

[14]〔美〕迈克尔·辛格尔特里. 大众传播研究[M]. 刘燕南, 和铁红译. 北京: 华夏出版社, 2000.

[15]〔英〕英尼克·史蒂文森. 认识媒介文化[M]. 王文斌译. 北京: 商务印书馆, 2001.

[16]〔美〕尼古拉·尼葛洛庞帝. 数字化生存[M]. 胡泳, 范海燕译. 海口: 海南出版社, 1997.

[17]〔加〕马歇尔·麦克卢汉. 媒介与文明[M]. 昆廷·菲奥里等编. 何道宽译. 北京: 机械工业出版社, 2016.

[18]〔加〕马歇尔·麦克卢汉. 麦克卢汉如是说——理解我[M]. 斯蒂芬妮·麦克卢汉编. 何道宽译, 北京: 中国人民大学出版社, 2006.

[19]〔法〕雷吉斯·德布雷. 媒介学引论[M]. 文玲译. 北京: 中国传媒大学出版社, 2014.

[20]〔法〕雷吉斯·德布雷. 媒介学宣言[M]. 张一兵, 黄春柳译. 南京: 南京大学出版社, 2016.

[21]〔美〕温纳. 自主性技术——作为政治思想主题的失控技术[M]. 杨海燕译. 北京: 北京大学出版社, 2014.

[22]〔美〕兰德尔·柯林斯. 互动仪式链[M]. 林聚任等译. 北京: 商务印书馆, 2017.

[23]〔美〕弗雷德理克·杰姆逊. 后现代主义与文化理论[M]. 唐小兵译. 西安: 陕西师范大学出版社, 1987.

[24]〔美〕罗杰·菲德勒. 媒介形态变化——认识新媒介[M]. 明安香译. 北京: 华夏出版社, 2000.

[25]〔加〕埃里克·麦克卢汉. 麦克卢汉精粹[M]. 何道宽译. 南京: 南京大学出版社, 2000.

[26]〔美〕保罗·莱文森. 数字麦克卢汉——信息化新纪元指南 [M]. 何道宽译. 北京：社会科学文献出版社，2001.

[27]〔美〕兰斯·斯特拉特. 麦克卢汉与媒介生态学 [M]. 胡菊兰译. 郑州：河南大学出版社，2016.

[28]〔加〕罗伯特·洛根. 理解新媒介——延伸麦克卢汉 [M]. 何道宽译. 上海：复旦大学出版社，2016.

[29]〔美〕沃尔特·翁. 口语文化与书面文化：语词的技术化 [M]. 何道宽译. 北京：北京大学出版社，2008.

[30] [新] 肖恩·库比特. 数字美学 [M]. 赵文书，王玉括译. 北京：商务印书馆，2007.

[31]〔美〕雪莉·特克尔. 群体性孤独 [M]. 周逵，刘菁荆译. 杭州：浙江人民出版社，2014.

[32]〔德〕乌尔里希·贝克，[英] 安东尼·吉登斯，[英] 斯科特·拉什. 自反性现代化——现代社会秩序中的政治、传统与美学 [M]. 赵文书译. 北京：商务印书馆，2014.

[33]〔英〕安东尼·吉登斯. 现代性与自我认同：晚期现代中的自我与社会 [M]. 夏璐译. 北京：中国人民大学出版社，2016.

[34]〔英〕戴米安·萨顿，大卫·马丁-琼斯. 德勒兹眼中的艺术 [M]. 林何译. 重庆：重庆大学出版社，2016.

[35]〔加〕莫斯可. 数字化崇拜：迷思、权力与赛博空间 [M]. 黄典林译. 北京：北京大学出版社，2010.

[36]〔美〕马克·波斯特. 信息方式——后结构主义与社会语境 [M]. 范静哗译. 北京：商务印书馆，2014.

[37]〔丹麦〕克劳斯·布鲁恩·延森. 媒介融合：网络传播、大众传播和人际传播的三重维度 [M]. 刘君译. 上海：复旦大学出版社，2012.

[38]〔德〕瓦尔特·本雅明. 论机械复制时代的艺术作品 [M]. 王才勇译. 北京：中国城市出版社，2002.

[39]〔德〕沃尔夫冈·韦尔施．重构美学［M］．陆扬，张岩冰译．上海：上海译文出版社，2002．
[40]〔美〕道格拉斯·凯尔纳．媒体奇观［M］．史安斌译．北京：清华大学出版社，2003．
[41]〔法〕让一弗朗索瓦·利奥塔．后现代状况——关于知识的报告［M］．岛子译．长沙：湖南美术出版社，1996．
[42]〔美〕迈克·费瑟斯通．消费主义与后现代主义［M］．刘精明译．南京：凤凰出版传媒集团，译林出版社，2000．
[43]〔美〕约翰·费斯克．解读大众文化［M］．杨全强译．南京：南京大学出版社，2004．
[44]〔美〕丹尼尔·贝尔．资本主义的文化矛盾［M］．赵一凡等译．北京：生活·读书·新知三联书店，1992．
[45]〔美〕伊莱休·卡茨等．媒介研究经典文本解读［M］．常江译．北京：北京大学出版社，2015．
[46]〔美〕阿瑟·伯格．理解媒介——媒介与文化研究的关键文本［M］．秦洁译．北京：清华大学出版社，2013．
[47]〔德〕尤尔根·哈贝马斯．作为“意识形态”的技术与科学［M］．李黎，郭官义译．北京：学林出版社，1999．
[48]〔美〕弗雷德里克·詹姆逊．文化转向［M］．胡亚敏等译．北京：中国社会科学出版社，2000．
[49]郭庆光．传播学教程［M］．北京：中国人民大学出版社，2011．
[50]范龙．媒介的直观——论麦克卢汉传播学研究的现象学方法［M］．广州：暨南大学出版社，2009．
[51]范龙．媒介现象学：麦克卢汉传播思想研究［M］．北京：中国大百科全书出版社，2012．
[52]赵勇．大众媒介与时代变迁——中国当代媒介文化的散点透视［M］．北京：北京大学出版社，2010．
[53]王岳川主编．媒介哲学［M］．郑州：河南大学出版社，2004．

[54] 刘吉，金吾伦等．千年惊醒：信息化与知识经济［M］．北京：科学社会文献出版社，1998.
[55] 熊澄宇．媒介史纲［M］．北京：清华大学出版社，2011.
[56] 李素霞．交往手段革命与交往方式变迁［M］．北京:人民出版社，2005.
[57] 李伦．网络传播伦理［M］．长沙：湖南师范大学出版社，2007.
[58] 冯务中．网络环境下的虚实和谐［M］．北京：清华大学出版社，2008.
[59] 刘文富．网络政治—网络社会与国家治理［M］．北京：商务印书馆，2004.
[60] 李永刚．我们的防火墙网络时代的表达与监管［M］．桂林：广西师范大学出版社，2009.
[61] 王萍．传播与生活中国当代社会手机文化研究［M］．北京：华夏出版社，2008.
[62] 彭兰．网络传播学［M］．北京：中国人民大学出版社，2009.
[63] 黄鸣奋．数码艺术学［M］．北京：学林出版社，2004.
[64] 王颖吉．媒介的阴暗面——数字时代的媒介文化批评［M］．北京：北京大学出版社，2013.
[65]（法）古斯塔夫·勒庞．乌合之众［M］．亦言译．北京：中国友谊出版公司，2019.
[66]（美）埃弗里特·E·丹尼斯，梅尔文·L. 德弗勒．数字时代的媒介［M］．傅玉辉等译．北京：中国人民大学出版社，2019.
[67]（法）米歇尔·福柯．规训与惩罚［M］．刘北成，杨远婴译．北京：生活·读书·新知三联书店，2007.
[68]（日）龟井卓也．5G时代生活方式与商业模式的大变革［M］．田中景译，杭州：浙江人民出版社，2020.
[69]（法）让·波德里亚．象征交换与死亡［M］．车槿山译，南京：凤凰出版传媒集团，译林出版社，2006.

[70]〔美〕内奥米·S·巴伦．读屏时代——数字世界里我们阅读的意义［M］．庞洋译．北京：电子工业出版社，2016．
[71]周宪．20世纪西方美学［M］．南京：南京大学出版社，1999．
[72]王忠．大数据时代个人数据隐私规制［M］．北京：科学文献出版社，2014．
[73]马凌，蒋蕾著．媒介化社会与当代中国［M］．上海：复旦大学出版社，2011．
[74]刘扬．媒介·景观·社会［M］．重庆：重庆大学出版社，2010．
[75]陈卫星．传播的观念［M］．北京：人民出版社，2004．
[76]李开复．微博改变一切［M］．上海：上海财经大学出版社，2011．
[77]师曾志，胡泳．新媒介赋权及意义互联网的兴起［M］．北京：社会科学文献出版社，2014．
[78]吴军．智能时代：大数据与智能革命重新定义未来［M］．北京：中信出版社，2016．
[79]项立刚．5G时代——什么是5G，它将如何改变世界［M］．北京：中国人民大学出版社，2019．
[80]胡泳．众声喧哗—网络时代的个人表达与公众讨论［M］．桂林：广西师范大学出版社，2008．
[81]李洁．传播技术建构共同体——从英尼斯到麦克卢汉［M］．广州：暨南大学出版社，2009．
[82]李曦珍．理解麦克卢汉——当代西方媒介技术哲学研究［M］．北京：人民出版社，2014．
[83]〔德〕伊丽莎白·诺尔-诺依曼．沉默的螺旋：舆论——我们的社会皮肤［M］．董璐译．北京：北京大学出版社，2013．
[84]〔美〕W.J.T.米歇尔，马克·B.N.汉森主编，媒介研究批评术语集［M］．肖腊梅，胡晓华译．南京：南京大学出版社，2019．
[85]〔美〕杰夫·霍金斯，桑德拉·布拉克斯莉．智能时代［M］．李蓝，刘知远译．北京：中国华侨出版社，2014．

[86]（美）阿尔文·托夫勒．第三次浪潮［M］．黄明坚译．北京：中信出版社，2016.
[87]（美）拉尔夫林顿．文化树——世界文化简史［M］．何道宽译．重庆：重庆出版社，1989.
[88]（美）鲁道夫·阿恩海姆．电影作为艺术［M］．邵牧君译．北京：中国电影出版社，2003.
[89]（美）曼纽尔·卡斯特．网络社会的崛起［M］．夏铸九、王志弘译．北京：社会科学文献出版社，2001.
[90]（英）安德鲁·查德威克．互联网政治学：国家、公民与新传播技术［M］．任孟山译．北京：华夏出版社，2010.
[91]（澳）约翰·哈特利．数字时代的文化［M］．李士林、黄晓波译．杭州：浙江大学出版社，2014.
[92]（荷）简·梵·迪克．网络社会——新媒体的社会层面［M］．蔡静译．北京：清华大学出版社，2014.
[93]（德）马克斯·韦伯．经济与社会（上卷）［M］．林荣远译．北京：商务印书馆，1997.
[94]（美）马丁·杰．法兰克福学派的宗师——阿多诺［M］．胡湘译．长沙：湖南人民出版社，1988.
[95]（美）斯坦利·巴兰，丹尼斯·戴维斯．大众传播理论：基础、争鸣与未来［M］．曹书乐译．北京：清华大学出版社，2004.
[96]（美）塞缪尔·亨廷顿．文明的冲突与世界秩序的重建［M］．周琪译．北京：新华出版社，2005.
[97]中共中央马克思恩格斯列宁斯大林著作编译局．马克思恩格斯全集（第3卷）［M］．北京：人民出版社，2002.
[98]（美）威尔伯·施拉姆，威廉·波特著．传播学概论［M］．陈亮译．北京：新华出版社，1984.
[99]（美）道格拉斯·凯尔纳，斯蒂文·贝斯特．后现代理论——批判性的质疑［M］．张志斌译．北京：中央编译出版社，2006.

[100]〔英〕戴维•莫利．电视、受众与文化研究［M］．史安斌主译．北京：新华出版社，2005.

[101]〔美〕诺埃尔·卡罗尔．超越美学［M］．李媛媛译．北京：商务印书馆，2006.

[102]〔法〕罗兰·巴特．明室——摄影纵横谈［M］．赵克非译．北京：文化艺术出版社，2003.

[103]〔美〕赫伯特·马尔库塞．单向度的人——发达工业社会意识形态研究［M］．刘继译．重庆：重庆出版社，2016.

[104]〔美〕本尼迪克特·安德森．想象的共同体：民族主义的起源与散布［M］．吴叡人译．上海：上海人民出版社，2003.

[105]〔英〕伊格尔顿．后现代主义的幻象［M］．华明译．北京：商务印书馆，2014.

[106]〔英〕伊格尔顿．美学意识形态［M］．王杰，付德根，麦永雄译．北京：中央编译出版社，2014.

[107]〔美〕斯蒂芬·贝斯特，道格拉斯·科尔纳．后现代转向［M］．陈刚等译．南京：南京大学出版社，2002.

[108]〔法〕雅克·德里达．声音与现象［M］．杜小真译．北京：商务印书馆，2011.

[109]〔法〕波德里亚．艺术的共谋［M］．张新木等译．南京：南京大学出版社，2015.

[110]〔美〕道格拉斯·凯尔纳．波德里亚：一个批判性读本［M］．陈维振译．南京：江苏人民出版社，2005.

[111]〔法〕让—诺埃尔·让纳内．西方媒介史［M］．段慧敏译．桂林：广西师范大学出版社，2005.

[112]〔斯〕斯拉沃热·齐泽克．自由的深渊［M］．王俊译．上海：上海译文出版社，2013.

[113]〔美〕唐·伊德．技术与生活世界——从伊甸园到尘世［M］．韩连庆译．北京：北京大学出版社，2012.

二、期刊类

[1] 吴震东，彭修银．身份、仪式与亚文化表述——微时代与赛博人类学的网络亚文化研究［J］．民族艺术，2016（10）：139-144.

[2] 周宪．时代的碎微化及其反思［J］．学术月刊，2014（11）：5-12.

[3] 周宪．“读图时代”的“图文”战争［J］．文学评论，2005（6）：140-148.

[4] 陶东风．理解微时代的微文化［J］．中国图书评论，2014（3）：4-5.

[5] 张鸿声，郭兴．无微不至：当代微文化解读［J］．艺术百家，2014（3）：83-87.

[6] 尹鸿．泛传播时代的微文化现象［N］．光明日报，2013-12-24.

[7] 蒋原伦．微信的内爆和时间感［J］．中国图书评论，2015（5）：17-21.

[8] 王鑫．微媒介的新尺度［J］．新闻记者，2017（9）：43-52.

[9] 于隽．微媒介环境中的感知转向及对个人自我建构的影响［J］．现代传播，2018（7）：29-32.

[10] 潘黎勇．感知的重构——麦克卢汉媒介理论视域中的“微时代”［J］．社会科学辑刊，2016（2）：145-151.

[11] 欧阳照，王英翠．社交网络中“点赞”现象探微［J］．今传媒，2015（6）：11-13.36.

[12] 李冬泳，文侃，彭启明．当前我国网络社会舆情特点分析［J］．学术探讨，2011（6）：5-8.

[13] 田卉．基于受众心理的网络舆情分析［J］．现代传播，2015（9）：164-165.38.

[14] 黄鸣奋．新媒体时代电子人与赛博主体性的建构［J］．郑州大学学报（哲学社会科学版），2009（1）：166-171.

[15] 赵勇．何谓“文化工业”——解读阿多诺的文化工业批判理论［J］．文艺理论与批评，2003（01）.

[16] 张耀钟．作为媒介权力的平台：一种批判的视角［J］．《传媒观察》，2018（10）.

[17] 邹华华．布迪厄的消费分层论 [J]．南京社会科学，2016（12）．
[18] 朱慧劼，王梦怡．阶层焦虑症候群：当代青年的精神危机与出路 [J]．北京：《中国青年研究》，2018（11）．
[19] 周晓虹．中国青年的历史蜕变：国家与社会关系的视角 [J]．南京：《江苏社会科学》，2015（6）
[20] 郑志英．新媒体时代媒介功能的扩展与异化 [J]．济南：《青年记者》，2018（5）
[21] 蓝钢，蒲瑶．社会情绪语境下微政治的结构与价值研究 [J]．安徽师范大学学报（人文社会科学版），2016（3）：194-200.
[22] 吴飞．新闻传播研究的未来面向：人的主体性与技术的自主性 [J]．社会科学战线，2017（1）：148-158.
[23] 潘天波．微媒介与新消费主义：一种身体的想象 [J]．现代传播，2019（7）：145-150.
[24] 夏文蓉．论当代文化的媒介化趋势 [J]．南京大学学报（哲学·人文科学·社会科学版），1997（5）：162-168.
[25] 李双龙，王婷婷．媒介化社会现状与趋势——“中国传播学论坛”综述 [J]．新闻大学，2004（6）：91-95.
[26] 蔡骐，刘维红．论媒介化社会中媒介与消费主义的共谋 [J]．今传媒，2005（2）：10-12.
[27] 孙敏坚．以媒介融合粘聚并造就新型的媒介化社会 [J]．新闻研究导刊，2016（15）：197-198.
[28] 孟建，胡学峰．数字人文：媒介驱动的学术生产方式变革 [J]．现代传播（中国传媒大学学报），2019（4）：24-28.
[29] 张涛甫．媒介化社会语境下的舆论表达 [J]．现代传播，2006(5)：12-15.
[30] 林爱珺，张晓锋，童兵．我国社会的媒介影响与媒介依赖 [J]．新闻界，2007（6）：8-10.
[31] 赵瑞华．媒介化生存与人的异化 [J]．新闻记者，2010（2）：29-32.

[32] 张晓锋．论媒介化社会形成的三重逻辑［J］．现代传播，2010(7)：15-18.

[33] 房正．数字化时代艺术审美思想的演变及反思［J］．艺术与设计（理论），2010（1）：21-22.

[34] 邓新民．自媒体：新媒休发展的最新阶段及其特点［J］．探索，2006（2）：134-138.

[35] 喻国明．解读新媒体的几个关键词［J］．广告大观（媒介版），2006（5）：12-15.

[36] 高淑敏．从功用工具走向生态互动：论技术、媒介与人的关系认知变迁［J］．河南工业大学学报（社会科学版），2018（5）：42-48.

[37] 张爱军、张广鑫．微博政治功能初探［J］．自然辩证法研究，2012（12）：55-61.

[38] 周培源．“微博无影灯”效应的再思考［J］．网络传播，2012（8）：44-45.

[39] 高宪春．从“消极沉默”到“积极互动”：新媒介环境下“沉默的双螺旋效应［J］．新闻界，2014（9）：43-50.

[40] 贺昕晔．电子媒介时代的审美认知体系研究［J］．辽宁大学学报（哲学社会科学版），2017（6）：128-133.

[41] 李璐．大数据时代与我国媒介化社会的嬗变［J］．陕西师范大学，2018.

[42] 彭亚非．图像社会与文学的未来［J］．文学评论，2003（5）：30-39.

[43] 张晶．图像的审美价值考察［J］．文学评论，2006（4）：35-42.

[44] 何道宽．媒介即文化：麦克卢汉媒介理论批评［J］．现代传播，2000（6）：25-31.

[45] 吴亚荣．论“微政治”环境下政府对公众情绪的管理［J］．管理观察，2016（16）：34-37.

[46] 罗云开．电子商务研究概述［J］．商业经济研究，2019（21）：5-10.

[47] 刘博雅．泛娱乐化现象下的青年文化教育[J]．人民论坛，2019（25）：140-141.
[48] 高峰．论生产方式[J]．当代经济研究，2012（3）：1-9.
[49] 刘燕．媒介认同：媒介主体身份阐释及其网络认同建构[J]．新闻记者，2009（3）：28-31.
[50] 单小曦．媒介性主体性——后人类主体话语反思及其新释[J]．文艺理论研究，2018（5）：191-198.
[51] 刘深．微媒介视域下传统出版创新的层面与着力点[J]．出版发行研究，2013（3）：9-11.
[52] 沈依逸．从文化工业理论批判网红文化"娱乐至死"倾向——以网红 Papi 酱为例[J]．中国报业，2018（8）：18-20.
[53] 麦小迈．"碎片化阅读"是一种"反阅读"[J]．《光明日报》，2015（08）.
[54] 隗辉．网络直播环境下的女性媒介形象异化研究[J]．湖北社会科学，2020（12）.
[55] 郭定岗．沉浸传播下沉浸媒介对人的异化研究[J]．视听，2019（04）.
[56] 胡剑．不良饭圈文化治理机制构建研究[J]．当代电视，2021（10）.
[57] 孙旭．主体困境与再生可能：微媒介中的自我镜像[J]．现代传播（中国传媒大学学报），2020（02）.

三、学位论文类

[1] 夏德元．电子媒介人的崛起[D]．上海：复旦大学，2011.
[2] 付冰倩．新媒体时代的媒介异化——基于抖音短视频的实证分析[D]．上海：华东师范大学，2019.
[3] 刘欣怡．微时代大学生信息安全意识教育研究[D]．天津：天津工业大学，2020.
[4] 韩玉羚．微文化视域下"心灵鸡汤"异化现象及对策研究[D]．天津：天津理工大学，2020.

[5] 王琦．融媒体视阈下马克思主义传播研究［D］．北京：北方工业大学，2021.
[6] 谷苗苗．新媒介与当代青年亚文化的生产实践［D］．哈尔滨：哈尔滨师范大学，2021.
[7] 李欣颖．移动短视频用户信息行为影响因素及动态演化研究［D］．长春：吉林大学，2021.
[8] 刘培．基于大数据的网络空间主流意识形态传播研究［D］．徐州：中国矿业大学，2020.
[9] 王菲菲．中国网络问政发展中政府角色定位研究［D］．长春：东北师范大学，2020.
[10] 欧叶荣．多元文化场域中的行政文化整合机制研究［D］．湘潭：湘潭大学，2020.
[11] 宋红岩．微媒介与人的数字化生存方式重构［D］．哈尔滨：哈尔滨师范大学，2020.
[12] 林文．微时代审美问题研究［D］．哈尔滨：黑龙江大学，2020.
[13] 杨也．论“日常生活审美化”的三副面相［D］．西安：陕西师范大学，2012.
[14] 张逸．中国“日常生活审美化”理论研究［D］．福州：福建师范大学，2014.
[15] 傅瑶．“日常生活审美化”在中国的接受研究［D］．北京：中央民族大学，2012.
[16] 宋玥．图像时代的审美经验［D］．长春：东北师范大学，2010.
[17] 陈舒婷．自媒体审美功能研究［D］．成都：四川师范大学，2015.
[18] 吕静媛．图像化与大众化——消费时代的审美转向［D］．哈尔滨：黑龙江大学，2013.
[19] 杨燕．探寻作为公共空间的微博背后的美学意义［D］．西安：西北大学，2013.
[20] 吴英文．微博客创作的审美解读［D］．长沙：中南大学，2011.
[21] 王卓斐．网络交往的审美反思［D］．济南：山东大学，2005.

[22] 翟箫．丑在现代背景下的审美价值与意义［D］．西安：陕西师范大学，2012.

[23] 庞乐．微博客的审美学研究及其意义［D］．西安：西安电子科技大学，2012.

[24] 冯亮．微时代审美问题研究［D］．合肥：安徽大学，2017.

[25] 李函擎．网络视像传播审美文化研究［D］．长春：吉林大学，2019.

[26] 黄欣卉．赛博空间身体审美问题研究［D］．桂林：广西师范大学，2017.

[27] 吴勤．“日常生活审美化”问题的研究［D］．成都：四川师范大学，2016.

[28] 王鹏．微时代审美的多维度探析［D］．合肥：安徽大学，2019.

[29] 张钰莹．当代文化中的微观审美研究［D］．南京：南京艺术学院，2016.

[30] 孟凡生．从“静观”到“介入”［D］．上海：华东师范大学，2017.

[31] 周晓燕．手机审美研究［D］．烟台：鲁东大学，2016.

[32] 李怀东．自媒体时代受众的“微”审美心理研究［D］．武汉：华中师范大学，2019.

后　记

惊风白日，光景西驰。十六年前，在高中任教的我跨专业考入“广播电视艺术学”的硕士研究生，有幸与生活密切的“媒介问题”结缘。进入池州学院工作以来，在十多年高校传媒专业的教学科研工作中，本人一直围绕新媒介传播和数字化生存问题进行着资料整理和理论探索。特别是近年来，随着微博、微信、微视频等“微媒介”对人们日常生活和思维方式的影响日益增大，本人对此的关注和思考也越来越多，很多感悟，珍藏、沉淀、情郁其中，动笔便是最好的释放。而文稿的成形还是要归功于本人主持立项的省高校人文重点项目“微文化视阈下媒介异化的表征与隐喻研究”。在领导同事们的支持和帮助下，历经近一年时间的“加班”，终于有了本书稿的问世。调瑟弹拨音弦绝，明明皎皎半轮月。再回首，文稿中那些难以逾越的奇峰与沟壑，现在看来早已平缓柔和，但兴奋和感激之心始终澎湃。

鸿爪雪泥，已为陈迹。书稿立足中国当下微媒介语境，对大家普遍关心的一些媒介生活问题试图作出解读，对媒介异化的表征试图进行梳理，对异化背后的内在逻辑以及体社会心态进行粗浅分析，观点属一家之言，加之时间细碎，水平有限，疏漏和不当之处，敬祈各位专家和广大读者朋友批评指正。

落实感树，饮流怀源。在书稿即将出版之际，首先要感谢池州学院文学与传媒学院领导，感谢刘光明院长、高祥华副院长、史剑辉副教授等同事对我学术成长的支持与帮助，感谢《池州学院报》实习编辑贾飘晶、陈心竹等帮助开展的校对工作，感谢出版社领导及同仁对本稿的认同和帮助。

最后，对家人的理解和支持，也表示深深的谢意和歉意。舐犊之爱，孺慕之情。感谢父母多年的培养以及不计代价的情感付出，唯有尽心工作和努力生活作为回报。特别感谢岳父、岳母，这些年岳母一直帮助照顾孩子，正是由于二老的帮助，我才可以在学校兼任教书和行政事务的同时，还能有时间骑骑车、跑跑步，还能静下心来读一本书、品一部影视作品、写一篇文稿，甚至在夜深人静的时候憧憬一下诗和远方。感谢我的爱人，她知书达理，娴静温婉，秀外慧中，具备东方女性的传统美德，她总是能够鼓励我、安慰我，给我信心、勇气和力量。感谢我们的孩子，宝宝们的到来带给我巨大的幸福感，倍增忙碌的同时，也带给我快乐和感动，从呱呱坠地到咿咿学语，孩子成长的每一步都让我们感悟到生命的美好，让我们对生活更加的热爱，对人生更加的宽慰和理解。

是为记。

刘德群

2022 年 8 月 1 日